CANADIAN URDU LANGUAGE TEXTBOOK SERIES

Urdu
for Children: Book Two

(Grades II and III)

Stories and Poems
Part One

Chief Editor and Project Director
Dr Sajida S. Alvi

Coordinators
Farhat Ahmad, Faruq Hassan, and Ashfaq Hussain

Writers
Humaira Ansari, Firdaus Beg, Rashida Mirza, Hamda Saifi, Zahida Murtaza

Illustrator
Rupert Bottenberg

ISBN 0-7735-2765-6

Legal deposit third quarter 2004
Bibliothèque nationale du Québec

Printed in Canada on acid-free paper

This book has been published with the help of funding from the Department of Canadian Heritage, Multiculturalism Programs.

McGill-Queen's University Press acknowledges the support of the Canada Council for the Arts for our publishing program. We also acknowledge the financial support of the Government of Canada through the Book Publishing Industry Development Program (BPIDP) for our publishing activities.

National Library of Canada Cataloguing in Publication

Urdu for children: book two / chief editor & project director, Sajida S. Alvi.
(Canadian Urdu language textbook series)
For grades 2–3.
ISBN 0-7735-2765-6 (Stories and Poems part one)
ISBN 0-7735-2766-4 (Stories and Poems part two)
ISBN 0-7735-2763-x (Let's read Urdu part one)
ISBN 0-7735-2764-8 (Let's read Urdu part two)
ISBN 0-7735-2761-3 (Let's write Urdu part one)
ISBN 0-7735-2762-1 (Let's write Urdu part two)
1. Urdu language – Textbooks for second language learners – English speakers. I. Alvi, Sajida S. (Sajida Sultana), 1941– II. Series.
PK1973.U745 2004 491.4'3982421 C2004-902666-6

CONTENTS

THE STORY BEHIND THIS PROJECT

The remarkable story of the Urdu Instructional Materials Development Project began in 1986 when I returned to McGill University as the first appointee to the Chair in Urdu Language and Culture after an absence of nine years from the Canadian scene. During the time I had taught at the University of Minnesota (1977–86), the concept of multiculturalism was developing roots and taking concrete shape through Canadian government policies. The government's Heritage Languages Program, under the auspices of the Department of Multiculturalism, began sponsoring the development of instructional materials in a variety of heritage languages. On my return to Canada, Izhar Mirza, then president of the National Federation of Pakistani Canadians, and the late Muinudin Muin, both community leaders and friends, drew my attention to the need to develop proper Urdu language instructional tools for children. Consequently in May 1990, with funding from the Department of Multiculturalism, we held a one-day conference at McGill University, jointly sponsored by the Federation of Pakistani Canadians and the Institute of Islamic Studies. Its purpose was to assess the need to develop instructional materials in Urdu and to look for people to work on this project. A team of writers and coordinators was established. Thus began the arduous work of a group of individuals, divergent in their backgrounds and professional training but united by a deep sense of mission. Undeterred by difficulties of commuting from Montreal and Ottawa, and within Metropolitan Toronto, the Project team worked for long hours on the weekends and holidays for over seven years to produce two sets of books. In the initial stages of the project, I realized that the members of the writing team who joined the enterprise had the invaluable experience of classroom teaching in the public school system but no experience of writing and publishing. This did not discourage us, however. Through their sheer determination, motivation, and willingness to write several drafts of each story until everyone was satisfied, the team of full-time teachers in the Ontario Boards of Education was transformed into a team of proficient creative storywriters and authors. This was a very gratifying experience for me.

In August 1997, the Urdu Instructional Materials Development Project team members and various Boards of Education in Ontario involved in the project celebrated the Silver Jubilee of the multicultural policy of the Government of Canada with the publication of *Urdu for Children: Book One*. This groundbreaking work, which provides instruction in Urdu for children, is comprised of two volumes of texts accompanied by two audiocassettes, a workbook, and a teacher's manual. This work was the first of its kind in terms of the quality of its content, its sensitivity to the needs of children between the ages of four to six in the Canadian environment, and its eclectic combination of traditional and whole-language instructional methods.

This publication was seen as a fitting testament to the commitment of the Department of Multiculturalism to producing quality instructional materials for Canadian children through the International Languages Programme. This programme demonstrates that, while the English and French languages represent the linguistic duality of this nation, there is a place for other international languages, including Urdu, in the rich Canadian mosaic. For the Project team, it was also a way of joining in the celebration of the Golden Jubilee of the birth of Pakistan, where Urdu is the official language of a nation of over 140 million people.

The current book in the series, *Urdu for Children: Stories and Poems*, while similar to the first in methodology, is designed to meet the needs of children between the ages of seven to eight and older. The students' level is based on their facility in reading, writing, and speaking the language rather than their chronological age. The scope of the topics is wider than in Book One, and the forty stories and poems (most of them original and some adapted) are more complex and longer, and the original artwork is richer and more varied. More details are given in the section "About This Book." The English-Urdu and Urdu-English vocabulary lists are more comprehensive than for Book One. Two volumes of *Let's Read Urdu* have been added to help children enhance their reading skills. The two-part *Let's Write Urdu* workbook provides practice exercises in writing and reinforces the new vocabulary introduced in the texts. The *Teacher's Manual* is a comprehensive, activities-based guide for teachers and parents and provides detailed lesson plans for each Urdu text. Two carefully recorded CDs accompanying the two volumes of the textbook, ensure standard pronunciation of words and intonations in sentences, and infuse life into the stories. Original music was composed for the poems, with melodies created for children to sing to help memorize the poems. From the inception of this project, we have kept in mind the needs of children as well as the needs of those parents who have some familiarity with the Urdu language and who wish to be involved in helping their children learn the Urdu language.

The *Urdu for Children* Textbook Series was envisioned as a model that could be adapted for other non-European heritage languages, especially for South Asian languages such as Hindi, Bengali, Punjabi and languages of predominantly Muslim regions such as Arabic, Dari, Persian, Pashto and Sindhi. The Project team sincerely hopes that this vision will be realized in the coming years by the next generation of teachers and policy-makers. It would be a small but significant step in furthering the spirit of multiculturalism by promoting pride in the many Canadian cultural identities. The development of proper instructional materials for the Urdu language shows the commitment of Canadians of Indo-Pakistani origin to safeguarding their rich cultural heritage for future generations. There has been a rapid growth in the South Asian community in Canada, a majority of whom have come from the Indo-Pakistan subcontinent where Urdu/Hindi is used as a lingua franca. In the 1986 census, the number of Canadians of South Asian origin was 266,800;* by 1991, it was 420,295, an increase of 57.5 per cent. In the 1996 census, the number jumped to 670,585, an increase of 59.5 per cent; and in the 2001 census the number has jumped to 963,190, an increase of 43.6 per cent. We hope that *Urdu for Children: Book One* and *Book Two* will help meet the needs of a rapidly increasing younger generation of the Urdu/Hindi-speaking community in Canada, the United States, and Europe.

The Urdu Language Textbook Series is the first step towards helping children develop Urdu linguistic skills so that they can keep the flame of their heritage and culture alive. In today's global village, knowledge of a third language, and particularly a non-European language such as Urdu, can certainly help Canadian children become proud and self-assured adults and a unique asset to Canadian society. Indeed, cultural and linguistic diversity can be a major source of enrichment in any social and political order. Thomas Homer-Dixon's warning that, in the current race for globalisation, languages and cultures are disappearing at an alarming rate is noteworthy. Such languages, he argues, should be protected and preserved because we need cultural and linguistic diversity to help solve our problems and resolve our conflicts, in the same way that we need varied ecosystems.**

Sajida S. Alvi

* Pamela M. White & Atul Nanda, "South Asians in Canada," *Canadian Social Trends* (Autumn, 1989): 7–9.

** Thomas Homer-Dixon, "We Need a Forest of Tongues." The *Globe and Mail*, July 7, 2001.

ACKNOWLEDGMENTS

Many institutions and individuals have worked on this project since its inception in 1990. Judy Young, the erstwhile director of the Heritage Languages Programme in the Department of Multiculturalism, ardently supported the project. The Canadian government's generous grant through her department resulted in the inception and completion of *Urdu for Children: Book One* and *Book Two*. Two other major partners in this venture are the former North York Board of Education (now part of the Toronto District School Board) and the Institute of Islamic Studies at McGill University. The North York Board and those involved in the International Languages Programme supported the project's housing, administration, and funding in addition to hosting regular meetings of the Project team members at the administration building. Among many individuals who worked at the North York Board of Education, special thanks go to Barbara Toye, Armando Cristinziano, and Susan Deschamps for their help and advice in the preparation of applications for funding to Ottawa, submission of progress reports, and careful preparation and implementation of the terms of various contracts signed by the Project team members.

The Institute of Islamic Studies has given substantive and material support to this project since my appointment to the endowed Chair in Urdu Language and Culture in 1986. This included secretarial help, bulk photocopying, postage, long-distance telephone calls, etc., as well as enthusiastic support for the book launch upon the completion of *Book One* in the fall of 1998. My frequent travel to Toronto for meetings with the Project team became part of my routine at the Institute. The publication of *Book Two* would not have been possible without the Institute's generous financial support. This timely assistance is gratefully acknowledged.

For the smooth field testing of the materials, our thanks are due to the following Boards of Education: in Metropolitan Toronto, York Region, North York, and Peel Boards, and in Ottawa, the Carleton Board. Special thanks go to these members of the Steering Committee: Irene Blayney (Carleton Board), Dr. Marcel Danesi (University of Toronto), Armando Cristinziano and Barbara Toye (North York Board), Izhar Mirza (National Federation of Pakistani Canadians), and Joseph Pizzolante (Etobicoke Board).

On substantive matters, Marcel Danesi, professor of Italian studies, University of Toronto, and James Cummins, professor of education at the Ontario Institute for Studies in Education, made invaluable contributions. The team is especially appreciative of Professor

Danesi's enthusiastic support of the project and his specific suggestions on methodology. He helped the team prepare the first lesson plan (for *Book One*) that was used as a model and has taken a keen interest in the project through the years.

Above all, I must acknowledge the unwavering commitment of the writing team members: Humaira Ansari, the late Firdaus Beg, Rashida Mirza, Zahida Murtaza, and Hamda Saifi. Their multiple roles did not deter them from putting in endless hours writing original stories and preparing creative lesson plans. The second phase was initiated in the beginning of 1993 while the work on the first phase was in its final stages. During the five-year period from 1993 to 1998, the entire group (the writing team, the project director, and the coordinators) spent long days together on weekends and holidays, evaluating and selecting the stories and revising, reviewing, and editing six or seven drafts of each story before field testing. Similarly, the lesson plans were also judiciously reviewed several times before their acceptance.

A special note in memory of Firdaus Beg, an imaginative, compassionate, and conscientious member of the team who fought cancer very courageously during the second phase of the project. In between her frequent visits to the hospital, she made sure to attend the meetings and put her heart and soul into the stories she wrote and the lesson plans she prepared while she was on sick leave from her school. Firdaus lost her valiant fight against cancer on March 17, 2002. The Project team dedicates this set of books to her. She is sorely missed.

Rupert Bottenberg, an artist in Montreal, showed the same commitment to the project as his counterparts in Toronto and Ottawa. Faruq Hassan's translations of the Urdu texts into English helped Rupert overcome the linguistic and cultural barriers, and he impressed the team with his creative and insightful interpretations of the stories through his art. Our special thanks to Rupert for the beautiful and detailed illustrations of the stories, poems, and flashcard vocabulary.

Farhat Ahmad, Faruq Hassan, and Ashfaq Hussain, the coordinators, were the anchors of our writing team. They ably supported the team in every aspect of the project. It was truly well-coordinated teamwork. In addition to my overall responsibility for the Project, Farhat Ahmad and I were intensely engaged in critiquing and editing the original Urdu stories by the team members and the lesson plans for the Teacher's Manual; Ashfaq Hussain and Faruq Hassan reviewed the stories, and typed them for field testing; Faruq Hassan compiled and typed the vocabulary lists; and Ashfaq Hussain spent endless hours in preparing camera-ready copy for McGill-Queen's University Press. Heart-felt thanks to them.

Our deep appreciation is due to those who worked equally hard to impart and preserve an important dimension of children's culture and heritage through sound and music. Jawaid Ahmad Danish and Uzma Danish brought the text of thirty stories to life through their audio recording in narrative style, providing auditory experience to complement the written text. And Nadeem Ali, an accomplished composer and singer, created background music for the stories and composed original music for the ten poems; he spent endless hours training a children's chorus for the musical versions of some poems, sang some poems solo, and also accompanied the children with sweet rhythms and melodies.

Anwer Saeed Ansari's help is gratefully acknowledged for providing handwritten Urdu sentences and vocabulary for writing-practice exercises for field-testing, and for his help in the preparation of camera-ready copy of *Let's Write Urdu* and *Let's Read Urdu*.

The long list of individuals who shaped and helped produce this work would not be complete without thanking the following: Saqib Mehmood, Institute of Islamic Culture, Lahore, for his assistance in getting the entire manuscript of the Urdu text computer-printed on short notice; Gavin McInnes for scanning the whole project (approximately 600 pages); Nargis Churchill for preparing disks of the camera-ready copy of all volumes except the *Teacher's Manual*; Robert Cameron for doing additional layout; Suroosh Alvi for giving advice on technical matters concerning printing and music recording, and for facilitating access to the artistic and technical talent available in Montreal; and Khadija Mirza for patiently typing several revisions of the *Teacher's Manual* and Introductory sections.

Special thanks as well to the McGill-Queen's University Press and its staff for their keen desire to publish this unusual work. Philip Cercone, executive director, appreciated the significance and intrinsic value of this project all along. This was particularly evident when the Press did not receive the expected publication subsidy from the Department of Multiculturalism in Ottawa and Philip was obliged to raise funds for this publication from various sources. Susanne McAdam, production and design manager, ably steered the course of production, and Joan McGilvray, coordinating editor, edited the English sections of the project and provided helpful suggestions on format and content.

The editor gratefully acknowledges permission to reprint the following copyrighted material: Orca Book Publisher, P.O. Box 5626, Postal Station B, Victoria, BC V8R 6S4, Canada, for "Maxine's Tree," and Shān al-Ḥaqq Ḥaqqī, for his published poem, "Bhā'ī Bhulakkaṛ.

Sajida S. Alvi

CONTRIBUTORS

1. Sajida S. Alvi
   Professor of Indo-Islamic History (medieval and modern periods), Chair in Urdu Language and Culture, Institute of Islamic Studies, McGill University, Montreal

2. Farhat Ahmad
   Retired teacher of English as a second language at the Ministry of Citizenship, Government of Ontario, Toronto

3. Humaira Ansari
   Former teacher at Ottawa Islamic School (primary division); since 1982 has taught Urdu as a Heritage Language at Kehkashan Urdu School, currently under the sponsorship of Carleton Board of Education, Ottawa, Ontario

4. Firdaus Beg
   Teacher of English as a second language, Cherry Hill Public School, Peel Board of Education, Ontario. Former teacher of Urdu as a Heritage Language.

5. Faruq Hassan
   Lecturer in English, Dawson College, Montreal; part-time lecturer in Urdu at the Institute of Islamic Studies, McGill University; Urdu poet; literary critic, and translator of Urdu fiction and poetry into English, and English fiction into Urdu

6. Ashfaq Hussain
   Critic of modern Urdu Literature; writer and Urdu poet, Toronto, Ontario

7. Rashida Mirza
   Teacher of English as a second language and special education, Highgate Public School, York Region District School Board York, Ontario. Former teacher and subject teacher of Urdu Heritage Language programme.

8. Zahida Murtaza
Grade teacher; teacher of English as a second language, Heritage Park Public School, Toronto District School Board, Toronto, Ontario. Former teacher of Urdu as a Heritage Language.

9. Hamda Saifi
Programme leader, Parent and Preschooler Programme, Toronto District School Board, Toronto, Ontario. Former teacher of Urdu as a Heritage Language.

10. Rupert Bottenberg
Commercial illustrator and music editor at the Montreal *Mirror*. Also a published comic artist who organizes the Montreal Comic Jams.

ABOUT THIS BOOK

This course is based on the premises that:

1. Language instruction is effective only if parents take an active role in their child's language acquisition process.
2. A rich language environment, where the child is exposed to a wide range of spoken and written Urdu, provides a solid foundation for language instruction in the classroom.
3. The interest parents show in Urdu in general, and in the Urdu language instruction of their child in particular, is important in motivating the child to learn the language.
4. Parents are urged to speak Urdu with the child as often as possible. The home environment provides an important opportunity for children to see that Urdu can be used to communicate.

The course is designed for two levels, Grade Two and Grade Three. Students are placed in a level based on their facility in the language rather than their chronological age. *Urdu for Children: Stories and Poems* (two volumes) provides material for forty lessons built around topics such as community helpers, science, seasons, ecology, recreation, folktales and fables. These topics were chosen because children at this level are interested in them. Each lesson in the book contains a story or poem accompanied by comprehension questions.

In the classroom setting, the language is presented as a meaningful whole. Each topic is introduced through a story or a poem. The children respond to the selection as a whole while also focusing on the meaning of the text. They experience the text in many ways: by listening to it, repeating it in unison, and reading it from the chart. The children then deal with smaller units, for example, by focusing on word attack skills, sentence structure, and grammar.

Each volume includes two vocabulary lists, each containing the Urdu word, an English transliteration of it, its grammatical category, and its English translation. The lists are alphabetized according to both the Urdu script and the English translation. Each list covers only the vocabulary used in the texts of that volume. Common vocabulary is not repeated in both volumes so if a word is missing in one volume, it can be found in the other one. English meanings of the Urdu words are restricted to their usage in the text. These lists should be of great help to parents in assisting their children with learning Urdu at home or doing their homework.

The CDs, which contain all forty stories and poems, are also an immensely useful resource for children and for parents who have some familiarity with Urdu.

The methodology used in the course is that of "Activity-Based Learning" and is similar to methods used in courses for teaching language arts in the Canadian public school system. Children are encouraged to acquire language by becoming involved in meaningful activities related to a particular topic. For example, in the lesson on pets, children are asked to draw a picture of their favourite pet and, if possible, bring the pet to class to share with their classmates.

The course assumes that children acquire literacy through exposure to written and oral language, by developing word recognition and through a grasp of the conventions of the written language. Thus in this course, learning to read and write Urdu does not begin with learning the alphabet. The children are, however, encouraged to develop fluency in the basic reading and writing skills.

This structure provides the children with an opportunity to interpret a given topic through creative expression in both the visual arts and the communicative arts, no matter how simple the created art may be. Parents' appreciation of this work provides an added incentive for the child to continue the course.

This course is designed to be used in the classroom but can also be used at home by parents to teach Urdu to their children. It is recommended that parents use the *Teacher's Manual*, where they will find detailed methodology for teaching the materials in the course. *Urdu for Children* includes an interesting collection of stories and poems, which they can read to their children. The children should be encouraged to enhance their reading skills by reading the stories in the *Let's Read Urdu* volumes to themselves, their parents, and their younger siblings. The children also need the *Let's Write Urdu* workbook to learn and practise writing skills.

During the course, parents' co-operation will be solicited in a variety of ways and a positive response is very important. The children will be assigned homework that will require the parent's help. The Urdu teachers may also need their assistance because they often have limited resources for material and support. As well, and most importantly, a positive and encouraging attitude towards school activities provides encouragement and motivation to the child to learn.

Urdu is part of the South Asian Heritage; through the efforts of both teachers and parents children can learn the Urdu language in a way that demonstrates its usefulness and encourages them to be proud of knowing it.

Farhat Ahmad and Rashida Mirza

اُردو حروفِ تہجّی کے انگریزی میں متبادل

TRANSLITERATION SYSTEM OF THE URDU ALPHABET

الف	a	ز	z
ب	b	ژ	zh
بھ	bh	س	s
پ	p	ش	sh
پھ	ph	ص	s
ت	t	ض	z
تھ	th	ط	t
ٹ	ṭ	ظ	z
ٹھ	ṭh	ع	‘
ث	s	غ	gh
ج	j	ف	f
جھ	jh	ق	q
چ	ch	ک	k
چھ	c̲h̲	کھ	k̲h̲
ح	h	گ	g
خ	kh	گھ	g̲h̲
د	d	ل	l
دھ	dh	م	m
ڈ	ḍ	ں	ṇ
ڈھ	ḍh	ن	n
ذ	z	و	v or w
ر	r	ہ	h
ڑ	ṛ	ء	’
ڑھ	ṛh	ی	y

VOWELS AND DIPHTHONGS

ـَـ	a	ـو	o
ـُـ	u	ـَو	au
ـِـ	i	ـِی	ī
آ	ā	ـَی ، ے	ē/ai/ay/ey
ـُو	ū		

VOCABULARY
English-Urdu

Abbreviations

adj.	adjectives	adv.	adverbs
p.f.	noun, plural feminine	v.t.	verb transitive
p.m.	noun, plural masculine	v.i.	verb intransitive
s.m.	noun, singular masculine	v.n.	verbal noun
f.m.	noun, singular feminine	int.	interjection
id.	idiomatic expression	prov.	proverb
phr.	phrase		

advertisement	ishtihār (s.m.)	اِشتہار
agreeable	suhānā (adj.)	سُہانا
alone	akailā (adj.)	اکیلا
ambulance	ambulance (s.f.)	ایمبولینس
animal	jānwar (s./p.m.)	جانور
apple	saib (s./p.m.)	سیب
arrangement	intizām (s.m.)	اِنتظام
at long last	khudā khudā kar kē (adv.)	خُدا خُدا کر کے
attention	dhiyān (s.m.)	دھیان
automatically (see OF ONE'S OWN ACCORD)		
autumn	khizāṇ (s./p.f.)	خزاں
bag	thaylā (s.m.) (also see POUCH)	تھَیلا
ball	gaiṇd (s.f.)	گیند
barbecue	barbecue (s./p.m.)	باربیکیو
barber	hajjām (s./p.m.)	حجّام
barn	barn (s./p.m.)	بارن
basket	ṭokrī (s.f.)	ٹوکری
bat	ballā (s.m.)	بلاّ
bathroom (see WASHROOM)		
beak	choṇch (s.f.)	چونچ
bear	bhālū (s./p.m.)	بھالو
being agreeable/pleasing	man bhānā (v.n.)	مَن بھانا
belief	yaqīn (s.m.)	یقین
binoculars	dūrbīn (s.f.)	دُوربین
black	kālē (adj.)	کالے
blanket	kambal (s./p.m.)	کمبل
boat	kashtī (s.f.)	کَشتی
body	jism (s.m.)	جِسم
bone	haḍḍī (s.f.)	ہڈّی

box	ḍibbā (s.m.)	ڈبّہ
branch	ḍālī (s.f.)	ڈالی
bravo	shābāsh (int.)	شاباش
break	waqfā (s.m.)	وقفہ
breath	sāṇs (s./p.m.)	سانس
bricks	iṇṭēṇ (p.f.)	اینٹیں
bride	dulhan (s.f.)	دُلہن
bridegroom	dūlhā (s.m.)	دُولہا
brightness (see LIGHT)		
brown	bhūrē (adj.)	بُھورے
bucket	bālṭī (s.f.)	بالٹی
building	'imārat (s.f.)	عِمارت
bundle	gaṭṭhā (s.m.)	گٹّھا
bustle	raunaq (s.f.)	رَونق
button	baṭan (s./p.m.)	بٹن
call for prayer	azān (s.f.)	اذان
camping	camping (s./p.f.)	کیمپنگ
Canadian flag	Canada kā jhanḍā (s.m.)	کینیڈا کا جھنڈا
cap (see HAT)		
car	gāṛī (s.f.)	گاڑی
caretaker	nigrān (s./p.m.)	نِگران
carrot	gājar (s.f.)	گاجر
cash (see MONEY)		
cat	billī (s.f.)	بِلّی
certainty (see BELIEF)		
child	bachcha (s.m.)	بچّہ
children	bachchey (p.m.)	بچّے
chirping	chahchahā (s.m.)	چہچہا
city	shehr (s./p.m.)	شہر
clapping	tāliyāṇ (p.f.)	تالیاں

client	gāhak (s./p.m.)	گاہک
coach	coach (s./p.m.)	کوچ
cock-a-doodle-doo	murgh kī azān (s.m.)	مُرغ کی اذان
coldness	khunkī (s.f.)	خُنکی
common (see ORDINARY)		
complete	mukammal (adj.)	مکمل
computer	computer (s./p.m)	کمپیوٹر
concentration (see ATTENTION)		
concourse of people (see FAIR)		
condition	hālat (s.f.) (also see STATE)	حالت
confused (see PERPLEXED)		
confusion (see PERPLEXITY)		
content	man bharī (s.f.)	مَن بھری
contentment	itmīnān (s.m.)	اِطمینان
cottage	cottage (s./p.f.)	کاٹیج
courage	himmat (s.f.)	ہمّت
cousin (paternal uncle's daughter)	chachā-zād behan (s.f.)	چچازاد بہن
cow	gā'ē (s.f.)	گائے
crane	sāras (s./p/m.)	سارَس
crossroads	chorāhā (s.m.)	چوراہا
crow	kawwā (s.m.)	کوّا
crowd	majma' (s.m.)	مجمع
crown	tāj (s./p.m.)	تاج
curly	g̲h̲uṇg̲h̲riyālē (adj. p.)	گھنگھریالے
cushion	gaddā (s.m.)	گدّا
customer (see CLIENT)		
dacoits (see ROBBERS)		
danger	khatra (s.m.)	خطرہ
daylight	ujālā (s.m.)	اُجالا
dear	piyārā (adj. m.)	پیارا
desk	ḍesk (s.m.)	ڈیسک
destination (see STOREY)		

different	mukhtalif (adj.)	مُختلف
difficult	mushkil (adj.)	مُشکِل
direction	rukh (s.m.); or (s.f./m.p.)	رُخ / اور
door	darvāza (s.m.)	دروازہ
doubt (see SUSPICION)		
drop of water/rain	būṇd (s.f.)	بُوند
east	mashriq (s.f.)	مشرق
easy	āsān (adj.)	آسان
eggs	aṇḍē (p.m.)	انڈے
electricity	bijlī (s.f.)	بِجلی
embarrassed	khisyāna (v.n.)	کِھسیانا
emergency	haṇgāmi (adj.)	ہنگامی
enclosure	daṛbā (s.m.)	دڑبہ
enjoyable	pur-lutf (adj.)	پُرلطف
enmity	dushmani (s.f.)	دُشمنی
ethnic group	nasl (s.f.)	نَسل
examination	imtihān (s.m.)	اِمتحان
excellence (see SKILLFULNESS)		
excitement	josh (s.m.)	جوش
excuse	bahāna (s.m.)	بہانہ
extra	zā'id	زائد
eyes	āṇkhēṇ (p.f.)	آنکھیں
fair	mēlā (s.m.)	میلا / میلہ
fair-skinned (see WHITE)		
faucet	ṭonṭī (s.f.)	ٹونٹی
favourite	pasandīda (adj.)	پسندیدہ
feelings	ihsāsāt (p.m.)	اِحساسات
field	khait (s./p.m.)	کھیت
fight	laṛā'ī (s.f.)	لڑائی
fire	āg (s.f.)	آگ
firewood (see TIMBER)		

English	Transliteration	Urdu
fish	machlī (s.f.)	مچھلی
flakes	gālē (p.m.)	گالے
flashlight	ṭārch (s.f.)	ٹارچ
flower	phūl (s./p.m.)	پُھول
fodder	chārā (s.m.)	چارا
fork (see THORN)		
fortunate	khush-qismat (adj.)	خوش قسمت
frog	meṇḍak (s./p.m.)	مینڈک
fruit	phal (s./p.m.)	پھل
game	khail (s./p.m.)	کھیل
garden	bāgh (s.m.)	باغ
gift	tohfa (s.m.)	تُحفہ
glass	shīsha (s.m.)	شیشہ
glitter	chamak (v.n.)	چمک
glittering	jag-mag (adj.)	جگ مگ
glove	dastāna (s.m.)	دستانہ
gun	banḍūq (s.f.)	بندوق
handle	dasta (s.m.)	دَستہ
hand-pump	nalkā (s.m.)	نلکا
hat	ṭopī (s.f.)	ٹوپی
heart	dil (s./p.m.)	دِل
heartlessness	bēdili (s.m.)	بے دِلی
helper	madadgār (s.m.)	مددگار
hen	murghī (s.f.)	مُرغی
hidden	ojhal (adj.)	اوجھل
hole	sūrākh (s./p.m.)	سُوراخ
hole in a tree	mōkha (s.m.)	مَوکھا
horse-driven carriage	ghoṛā gāṛī (s.f.)	گھوڑا گاڑی
hunger	bhūk (s.f.)	بُھوک
husk	chilkā (s.m.)	چھلکا
ice-skate	ice iskate (s.m.)	آئس اسکیٹ

in fact	wāqe'ī (adv)	واقعی
in reality (see IN FACT)		
inner (see INTERNAL)		
interesting	dilchasp (adj.)	دِلچسپ
interior (see INTERNAL)		
intermission (see BREAK)		
internal	andrūnī (adj.)	اَندرونی
invisible (see HIDDEN)		
island	jazīra (s.m.)	جزیرہ
jersey	jarsī (s.f.)	جرسی
jewelry	zēwar (s./p.m.)	زیور
key	chābi (s.f.)	چابی
knife	chāqū (s.m.)	چاقو
knock	dastak (s.f.)	دَستک
ladder	sīṛhī (s.f.)	سِیڑھی
lake	jhīl (s.f.)	جِھیل
lamp (see LIGHT)		
lantern	lālṭayn (s.f.)	لالٹین
lazy	sust (sdj.)	سُست
lean	dublē (adj. p.m.)	دبلے
left (hand or side)	bā'ēṇ (adv.)	بائیں
leg	ṭāṇg (s.f.)	ٹانگ
library	library (s.f.)	لائبریری
life of luxury/pleasure	'aysh (s.m.)	عیش
light	raushnī (s.f.); battī (s.f.)	روشنی
light (in weight)	halkī (adj. f.)	ہلکی
lightning (see ELECTRICITY)		
lineage (see ETHNIC GROUP)		
lyrical song	gīt (s./p.m.)	گِیت
make-shift (see EMERGENCY)		
mirror (see GLASS)		

English	Transliteration	Urdu
mischief	sharārat (s.f.)	شرارت
mistake	ghalatī (s.f.)	غلطی
moist (see WET)		
money	naqdī (s./p.f.)	نقدی
mouse	chūha (s.m.)	چُوہا
need	zarūrat (s.f.)	ضرورت
news	khabar (s.f.)	خبر
oar	chappū (s./p.m.)	چپّو
occasion	mauq'ā (s.m.)	موقع
of one's own accord	khūd ba-khūd (adv.)	خُود بخُود
opponent	mukhālif (adj.)	مُخالِف
ordinary	ma'mūli (adj.)	معمولی
overcrowding	til dharne ki jagah (id.)	تِل دھرنے کی جگہ
pair	joṛī (p.f.)	جوڑی
pale (see YELLOW)		
park (see GARDEN)		
passion (see EXCITEMENT)		
pearl	motī (s./p.m.)	موتی
peel (see HUSK)		
pen for fowls (see ENCLOSURE)		
penguin	penguin (s.f.)	پنگوئین
perplexed	pareshān (adj.)	پریشان
perplexity	pareshānī (s.f.)	پریشانی
personal	zātī (adj.)	ذاتی
perspiration	pasīna (s.m.)	پسینہ
pillow	takya (s.m.)	تکیہ
platter (metal)	thāl (s.m.)	تھال
player	khilāṛī (s./p.m.)	کِھلاڑی
playing-field	maidān (s.m.)	میدان
pleasant (see AGREEABLE)		
police officer	police afsar (s.m.)	پولیس افسر

pond	tālāb (s./p.m.)	تالاب
pouch	gaṭhṛī (s.f.)	گٹھڑی
probably	ghāliban (adv.)	غالباً
promise	wa'da (s.m.)	وعدہ
pumpkins	paiṭhey (p.m.)	پیٹھے
push	dhakkā (s.m.)	دھکّا
question	sawāl (s.m.)	سوال
rabbit	khargosh (s./p.m.)	خرگوش
ray	kiran (s.f.)	کِرن
razor	ustrā (s.m.)	اُسترا
reflection	aks (s.m.)	عکس
restlessness	be-chaynī (s.f.)	بے چینی
result	natījā (s.m.)	نتیجہ
right (hand or side)	dā'ēṇ (adv.)	دائیں
robbers	ḍākū (s./p.m.)	ڈاکو
room	kamra (s.m.)	کمرہ
rooster	murgh (s.m.)	مُرغ
rope (see STRING)		
rose/flower garden	gulshan (s.m.)	گُلشن
ruler	rāja (s.m.)	راجہ
rustling	sarsarāhat (s.f.)	سَرسراہٹ
sad	udās (adj.)	اُداس
satifaction (see CONTENTMENT)		
satisfied (see CONTENT)		
scarf	gulū-band (s./p.m.)	گلو بند
scene	manzar (s.m.)	مَنظر
school	iskūl (s./p.m.)	اِسکول
screen	jālī (s.f.)	جالی
screw	paich (s./p.m.)	پیچ
screw-driver	paich kash (s./p.m.)	پیچ کَش

seed	bīj (s.p.m.)	بیج
segments (of fruit)	phānkēṇ (p.f.)	پھانکیں
settlement	bastī (s.f.)	بَستی
shawl (big)	doshāla (s.m.)	دوشالہ
side (see DIRECTION)		
sign	nishān (s.m.)	نِشان
skating	iskating (s.f.)	اِسکیٹِنگ
skillfulness	mahārat (s.f.)	مہارت
skinny	patlē (adj. p.m.)	پتلے
slow (see LAZY)		
snout	thūthanī (s.f.)	تھُوتھنی
snowing	barfbārī (s.f.)	بَرف باری
soap	sābun (s.m.)	صابن
Somali flag	Somāliyā kā jhanḍā (s.m.)	صومالیا کا جھنڈا
song	gānā (s.m.)	گانا
sound	āwāz (s.f.)	آواز
space-centre	khalā'ī markaz (s.m.)	خلائَی مرکز
space-ship	khalā'ī jahāz (s./p.m.)	خلائَی جہاز
sparrows	chiṛiyāṇ (p.f.)	چِڑیاں
stair (see LADDER)		
state	'ālam (s.m.)	عالَم
storey	manzil (s.f.)	مَنزِل
storm	tūfān (s./p.m.)	طُوفان
strange	'ajīb (adj.)	عَجیب
straws	tinkē (p.m.)	تِنکے
strength	tāqat (s.f.)	طاقت
string	rassī (s.f.)	رسی
studies	paṛhā'ī (s.f.)	پڑھائَی
suspicion	shakk (s.m.)	شکّ
sweet-meats	miṭhā'ī (s./p.f.)	مِٹھائَی
sweet-mear seller	halwā'ī (s.m.)	حلوائَی

table	mēz (s.f.)	میز
tail	dum (s.f.)	دُم
target shooting	nishāna-bāzī (s.f.)	نشانہ بازی
teacher (male)	ustād (s.m.); māsṭer sāhib (s./p.m.)	اُستاد / ماسٹر صاحب
teacher (female)	ustānī (s.f.)	اُستانی
tear	āṇsū (s./p.m.)	آنسو
telephone	telephone (s./p.m.)	ٹیلیفون
television	television (s./p.m.)	ٹیلیویژن
thin (see LEAN and SKINNY)		
thorn	kaṇṭa (s.m.)	کانٹا
throat	galā (s.m.)	گلا
throbbing of heart	dil dhaṛaknā (v.i.)	دِل دھڑکنا
timber	lakṛiyāṇ (p.f.)	لکڑیاں
time-table	waqt kā khāka (s.m.)	وقت کا خاکہ
to act	'amal karnā (v.t.)	عمل کرنا
to act upon (see TO ACT)		
to amuse oneself	jī behlānā (v.t.)	جی بہلانا
to apologize	mu'āfī māṇgnā (v.i.)	معافی مانگنا
to applaud	dād dainā (v.t.)	داد دینا
to attack	hamla karnā (v.t.)	حملہ کرنا
to be ashamed	sharminda honā (v.i.)	شرمندہ ہونا
to be fed up (with)	jī uchāṭ honā (v.i.)	جی اُچاٹ ہونا
to be overjoyed	phūlē nah samānā (v.i.)	پھولے نہ سمانا
to be paralyzed through fear/shock	dhak rah jānā (v.i.)	دھک رہ جانا
to be perplexed	ghabrānā (v.i.)	گھبرانا
to be startled	chauṇk uṭhnā (v.i.)	چونک اٹھنا
to be surprised	hairān honā (v.i)	حیران ہونا
to become (see TO GET ALONG)		
to commend (see TO APPLAUD)		
to console	tasallī dainā (v.t.)	تسلّی دینا
to crow	kā'eṇ ka.'eṇ karnā (v.t.)	کائیں کائیں کرنا

to disappear	ghā'ib honā	غائب ہونا
to divert the mind (see TO AMUSE ONESELF)		
to doze off	āṇkh lagnā (v.i.)	آنکھ لگنا
to dry	sūkhnā (v.i.)	سُکھانا
to encourage	hausla baṛhānā (v.t.)	حوصلہ بڑھانا
to enjoy	lutf uṭhānā (v.t.)	لُطف اُٹھانا
to enter	dākhal honā (v.i.)	داخل ہونا
to expand (see TO MAKE SWELL)		
to fear	ḍarnā (v.i.)	ڈرنا
to feed (see TO PECK AT)		
to fill belly	paiṭ bharnā (v.t.)	پیٹ بھرنا
to form a circle	gherā bāṇdhnā (v.t.)	گھیرا باندھنا
to form connection/alliance	rishtā joṛnā (v.t.)	رِشتہ جوڑنا
to gather together	ikaṭhe karnā (v.t.)	اکٹّھے کرنا
to get along	ban-nā (v.i.)	بَننا
to get angry	ghussa ānā (v.i.)	غُصّہ آنا
to give way (see TO SINK [INTO])		
to glance around	nazar dauṛānā (v.t.)	نظر دوڑانا
to hide	chupnā (v.i.)	چُھپنا
to infuse life	jān phūṇknā (v.t.)	جان پھونکنا
to jump	kūdnā (v.i.)	کُودنا
to leap over	phāṇdnā (v.t.)	پھاندنا
to look in astonishment	āṇkhēṇ phāṛ kar dēkhnā (v.t.)	آنکھیں پھاڑ کر دیکھنا
to make a firm resolve	pakkā irāda karnā (v.t.)	پکّا اِرادہ کرنا
to make noise	shor/ghul machānā (v.t.)	شور / غُل مچانا
to make swell	phulānā (v.t.)	پُھلانا
to move (see TO SHAKE)		
to peck at	chugnā (v.t.)	چُگنا
to peep	jhāṇknā (v.i.)	جھانکنا
to rotate (see TO TURN)		
to rush in	ghusnā (v.i.)	گُھسنا

to scatter	bikhar jānā (v.i.)	بکھر جانا
to scream	chīkhnā (v.i.)	چیخنا
to set	jamānā (v.t.)	جمانا
to shakc	hilānā (v.t.)	ہلانا
to shake hands	hāth milānā (v.t.)	ہاتھ ملانا
to shrink from fear; to crouch	dabaknā (v.i.)	دبکنا
to sing	gānā (v.t.)	گانا
to sink (into)	dhaṇsnā (v.i.)	دھنسنا
to touch	chūnā (v.t.)	چھُونا
to try one's luck	qismat āzmānā (v.t.)	قسمت آزمانا
to turn	ghumānā (v.t.)	گھمانا
to turn a deaf ear to	sunī un-sunī karnā (v.t.)	سُنی اَن سُنی کرنا
to turn off the light	battī bhujānā (v.t.)	بتّی بجھانا
to whirl around	chakkar khānā (v.t.)	چکّر کھانا
to waste	zā'ē karnā (v.t.)	ضائع کرنا
together with	samait (adv.)	سمیت
uncommon	anōkhā (adj.)	انوکھا
uninformed	bē-khabar (adj.)	بے خبر
unique (see UNCOMMON)		
upside down	auṇdhā (adj. m.)	اَوندھا
vehicle (see CAR)		
video game	video ka khēl (s.m.)	ویڈیو کا کھیل
voice (see SOUND)		
wallet	baṭuwa (s.m.)	بٹوہ
warehouse	godām (s.m.)	گودام
washroom	ghusl-khāna (s.m.)	غُسل خانہ
watch	ghaṛī (s.f.)	گھڑی
water-tank	ṭaṇkī (s.f.)	ٹنکی
wave	mauj (s.f.)	موج
welcome	istiqbāl (s.m.)	اِستقبال
well	kūṇwāṇ (s.m.)	کُنواں

wet	gīlī (adj. f.)	گیلی
white	gorē (adj. p.m.)	گورے
window	<u>kh</u>iṛkī (s.m.)	کھڑکی
wing	par (s./p.m.)	پَر
with a heavy sound (to fall)	dhṛām sē (adv.)	دھڑام سے
with great enthusiasm	zor shor sē (adv.)	زور شور سے
world	jag (s.m.)	جگ
worms	kīṛē (p.m.)	کیڑے
yellow	pīlē (adj. p.)	پیلے

VOCABULARY
Urdu - English

Abbreviations

adj.	adjectives
p.f.	noun, plural feminine
p.m.	noun, plural masculine
s.m.	noun, singular masculine
f.m.	noun, singular feminine
id.	idiomatic expression
phr.	phrase
adv.	adverbs
v.t.	verb transitive
v.i.	verb intransitive
v.n.	verbal noun
int.	interjection
prov.	proverb

آ

āsān (adj.)	easy	آسان
āg (s.f.)	fire	آگ
āṇsū (s./p.m.)	tear	آنسو
āṇkh lagnā (v.i.)	to doze off	آنکھ لگنا
āṇkhēṇ (p.f.)	eyes	آنکھیں
āṇkhēṇ phāṛ kar dēkhnā (v.t.)	to look in astonishment	آنکھیں پھاڑ کر دیکھنا
āwāz (s.f.)	sound; voice	آواز
ice iskate (s./p.m.)	ice skate	آئس اِسکیٹ

الف

ujālā (s.m.)	daylight	اُجالا
ihsāsāt (p.m.)	feelings	اِحساسات
udās (adj.)	sad	اُداس
azān (s.f.)	call for prayer	اذان
ustād (s.m.)	teacher (male)	اُستاد
ustānī (s.f.)	teacher (female)	اُستانی
ustrā (s.m.)	razor	اُسترا
istiqbāl (s.m.)	welcome	اِستقبال
iskūl (s./p.m.)	school	اِسکول
iskating (s.f.)	skating	اِسکیٹنگ
ishtehār (s.m.)	advertisement	اِشتہار
itmīnān (s.m.)	contentment; satisfaction	اِطمینان
ikaṭhē karnā (v.t.)	to gather together	اکٹھے کرنا
akelā (adj.)	alone	اکیلا
imtihān (s.m.)	examination	اِمتحان
intizām (s.m.)	arrangement	اِنتظام

andrūnī (adj.)	internal; inner; interior	اَندرونی
aṇḍē (p.m.)	eggs	اَنڈے
anōkhā (adj.)	uncommon; unique	اَنوکھا
ojhal (adj.)	hidden; invisible	اوجھل
or (s.f./m.p.)	direction; side	اور
auṇdhā (adj. m.)	upside down	اَوندھا
ambulance (s.f.)	ambulance	ایمبولنس
īṇṭēṇ (p.f.)	bricks	اِینٹیں

ب

barbecue (s./p.m.)	barbecue	باربیکیو
barn (s./p.m.)	barn	بارن
bāgh (s.m.)	garden; park	باغ
bālṭī (s.f.)	bucket	بالٹی
bā'ēṇ (adv.)	left (hand or side)	بائیں
battī (s.f.)	light; lamo	بتّی
battī bujhānā (v.t.)	to turn off the light	بتّی بجھانا
baṭan (s./p.m.)	button	بٹن
baṭuwā (s.m.)	wallet	بٹوہ
bijlī (s.f.)	electricity; lightning	بِجلی
bachcha (s.m.)	child	بچّہ
bachchey (p.m.)	children	بچّے
barf bārī (s.f.)	snowing	برف باری
bastī (s.f.)	settlement	بستی
bikhar jānā (v.i.)	to scatter	بِکھر جانا
ballā (s.m.)	bat	بَلّا
billī (s.f.)	cat	بِلّی
baṇdūq (s.f.)	gun; rifle	بندُوق

ban-nā (v.i.)	to get along; to become	بَننا
būṇd (s.f.)	drop of water/rain	بُوند
bahāna (s.m.)	excuse	بہانہ
bhālū (s./p.m.)	bear	بھالُو
bhūrē (adj.)	brown	بھُورے
bhūk (s.f.)	hunger	بھُوک
bīj (s./p.m.)	seeds	بیج
bē-chaynī (s.f.)	restlessness	بے چینی
bē-khabar (adj.)	uninformed	بے خبر
bē-dilī (s.m.)	heartlessness	بے دِلی

پ

patlē (adj)	skinny; thin	پَتلے
par (s./p.m.)	wing	پَر
pur-lutf (adj.)	enjoyable	پُرلُطف
pareshān (adj.)	perplexed; confused	پریشان
pareshānī (s.f.)	perplexity; confusion	پریشانی
paṛha'ī (s.f.)	studies	پڑھائی
pasandīda (adj.)	favourite	پسندیدہ
pasīna (s.m.)	perspiration	پسینہ
pakkā irāda karnā (v.t.)	to make a firm resolve	پکّا ارادہ کرنا
penguin (s.f.)	penguin	پنگوئین
police afsar (s.m./f.)	police officer	پولیس افسر
phāṇdnā (v.t.)	to leap over	پھاندنا
phāṇkēṇ (p.f.)	segments (of fruit)	پھانکیں
phal (s./p.m.)	fruit	پھَل
phulānā (v.t.)	to make swell; to expand	پھُلانا
phūl (s./p.m.)	flower	پھُول
phūlē nah samānā (v.i.)	to be overjoyed	پھُولے نہ سمانا

piyārā (adj. m.)	dear	پیارا
paiṭ bharnā (v.t.)	to fill belly	پیٹ بھرنا
paiṭhey (p.m.)	pumpkins	پیٹھے
paich (s./p.m.)	screw	پیچ
paich kash (s./p.m.)	screw-driver	پیچ کَش
pīlē (adj.)	yellow	پِیلے

ت

tāj (s./p.m.)	crown	تاج
tālāb (s./p.m.)	pond	تالاب
tāliyāṇ (p.f.)	clapping	تالیاں
tohfa (s.m.)	gift	تُحفہ
tasallī dainā (v.t.)	to console	تسلّی دینا
takya (s.m.)	pillow	تکیہ
til dharnē kī jagah (id.)	overcrowding	تِل دھرنے کی جگہ
tinkē (p.m.)	straws	تِنکے
thāl (s.m.)	platter (metal)	تھال
thūthnī (s.f.)	snout	تُھوتھنی
thaylā (s.m.)	bag	تَھیلا

ٹ

ṭārch (s.f.)	flashlight	ٹارچ
ṭāṇg (s.f.)	leg	ٹانگ
ṭaṇkī (s.f.)	water-tank	ٹنکی
ṭopī (s.f.)	cap; hat	ٹوپی
ṭokrī (s.f.)	basket	ٹوکری
ṭoṇṭī (s.f.)	faucet	ٹونٹی
telephone (s./p.m.)	telephone	ٹیلیفون
television (s./p.m.)	television	ٹیلی ویژن

ج

jālī (s.f.)	screen	جالی
jān phūṇknā (v.t.)	to infuse life	جان پھُونکنا
jānwar (s./p.m.)	animal	جانور
jarsī (s.f.)	jersey	جَرسی
jazīra (s.m.)	island	جزیرہ
jism (s.m.)	body	جِسم
jag (s.m.)	world	جَگ
jag-mag (adj.)	glittering	جَگ مَگ
jamānā (v.t.)	to set	جمانا
joṛī (s.f.)	pair	جوڑی
josh (s.m.)	excitement; passion	جوش
jhāṇknā (v.i)	to peep	جھانکنا
jhīl (s.f.)	lake	جِھیل
jī uchāṭ honā (v.i.)	to be fed up with	جی اُچاٹ ہونا
jī behlānā (v.t.)	to amuse oneself; to divert the mind	جی بہلانا

چ

chābī (s.f.)	key	چابی
chārā (s.m.)	fodder	چارا
chāqū (s.m.)	knife	چاقو
chappū (s./p.m.)	oar	چپّو
chachā-zād behan (s.f.)	cousin (paternal uncle's daughter)	چچازاد بہن
chiṛiyāṇ (p.f.)	sparrows	چِڑیاں
chakkar khānā (v.t.)	to whirl around	چکّر کھانا
chugnā (v.t.)	to peck at; to feed	چُگنا
chamak (v.n.)	glitter	چمک

chorāhā (s.m.)	crossroads	چوراہا
choṇch (s.f.)	beak	چونچ
chauṇk uṭhnā (v.i.)	to be startled	چونک اٹھنا
chūhā (s.m.)	mouse	چُوہا
chehchahā (s.m.)	chirping	چہچہا
chupnā (v.i.)	to hide	چھُپنا
chilkā (s.m.)	husk; peel	چھِلکا
chūnā (v.t.)	to touch	چھُونا
chīkhnā (v.i.)	to scream	چِیخنا

ح

hālat (s.f.)	state; condition	حالت
hajjām (s./p.m.)	barber	حجّام
halwā'ī (s.m.)	sweet-meat seller	حلوائی
hamla karnā (v.t.)	to attack	حملہ کرنا
hausla baṛhānā (v.t.)	to encourage	حوصلہ بڑھانا
hairān honā (v.i.)	to be surprised	حیران ہونا

خ

khabar (s.f.)	news	خبر
khudā khudā kar kē (adv)	at long last	خُدا خُدا کر کے
khargosh (s./p.m.)	rabbit	خرگوش
khizāṇ (s./p.m.)	autumn	خِزاں
khatra (s.m.)	danger	خطرہ
khalā'ī jahāz (s./p.m.)	space-ship	خلائی جہاز
khalā'ī markaz (s.m.)	space-centre	خلائی مرکز
khunukī (s.f.)	coldness	خُنکی
khūd ba-khūd (adv.)	of one's own accord; automatically	خُود بخُود
khush-qismat (adj.)	fortunate	خُوش قِسمت

د

dākhal honā (v.i.)	to enter	داخل ہونا
dād dainā (v.t.)	to applaud/commend	داد دینا
dā'ēṇ (adv.)	right (hand or side)	دائیں
dabaknā (v.i.)	to crouch; to shrink from fear	دَبکنا
dūblē (adj.)	lean; thin	دُبلے
darvāza (s.m.)	door	دروازہ
daṛba (s.m.)	enclosure; pen for fowls	دڑبہ
dastāna (s.m.)	glove	دَستانہ
dastak (s.f.)	knock	دُستک
dasta (s.m.)	handle; knob	دَستہ
dushmanī (s.f.)	enmity	دُشمنی
dil (s./p.m.)	heart	دِل
dilchasp (adj.)	interesting	دِلچسپ
dil dhaṛaknā (v.i.)	throbbing of heart	دِل دھڑکنا
dulhan (s.f.)	bride	دُلہن
dum (s.f.)	tail	دُم
dūr-bīn (s.f.)	binoculars	دُوربین
doshāla (s.m.)	big shawl	دوشالہ
dūlhā (s.m.)	bridegroom	دُولہا
dhṛām sē (adv.)	with a heavy sound (to fall)	دھڑام سے
dhakkā (m.s.)	push	دھکّا
dhak rah jānā (v.i.)	to be paralyzed through fear/shock	دَھک رہ جانا
dhaṇsnā (v.i.)	to sink (into); to give way	دَھنسنا
dhyān (s.m.)	attention; concentration	دھیان

ڈ

ḍākū (s./p.m.)	robbers; dacoits	ڈاکو
ḍālī (s.f.)	branch	ڈالی

ḍibba (s.m.)	box	ڈِبّہ
ḍarnā (v.i.)	to fear	ڈرنا
ḍesk (s.m.)	desk	ڈیسک

ذ

zātī (adj.)	personal	ذاتی

ر

rāja (s.m.)	ruler	راجہ
rukh (s.m.)	direction	رُخ
rassī (s.f.)	rope; string	رسّی
rishtā joṛnā (v.t.)	to form connection/alliance	رشتہ جوڑنا
raushnī (s.f.)	light; brightness	روشنی
raunaq (s.f.)	bustle	رونق

ز

zā'id (adj.)	extra	زائد
zor shor sē (adv.)	with great enthusiasm	زور شور سے
zaiwar (s./p.m.)	jewelry	زیور

س

sāras (s./p.m.)	crane	سارَس
sāṇs (s./p.m.)	breath	سانس
sarsarāhaṭ (s.f.)	rustling	سرسراہٹ
sust (adj.)	lazy; slow	سُست
samait (adv.)	together with	سمیت
sunī unsunī karnā (v.t.)	to turn a deaf ear to	سُنی اَن سُنی کرنا

sawāl (s.m.)	question	سوال
sūrākh (s./p.m.)	hole	سُوراخ
sūkhnā (v.i.)	to dry	سُوکھنا
suhānā (adj.)	agreeable; pleasant	سہانا
saib (s./p.m.)	apple	سیب
sīṛhī (s.f.)	ladder; stair	سِیڑھی

ش

shābāsh (int.)	bravo!	شاباش
shākh (s.f.)	branch	شاخ
sharārat (s.f.)	mischief	شرارت
sharminda honā (v.i.)	to be ashamed	شرمندہ ہونا
shakk (s.m.)	suspicion; doubt	شکّ
shor machānā (v.t.)	to make noise	شور مچانا
shehr (s./p.m.)	city	شہر
shīsha (s.m.)	glass; mirror	شِیشہ

ص

sābun (s.m.)	soap	صابُن
Somāliyā kā jhanḍā (s.m.)	Somali flag	صومالیا کا جھنڈا

ض

zā'ē karnā (v.t.)	to waste	ضائع کرنا
zarūrat (s.f.)	need	ضرورت

ط

tāqat (s.f.)	strength	طاقت
tūfān (s./p.m.)	storm	طُوفان

ع

'ālam (s.m.)	state; condition	عالَم
'ajīb (adj.)	strange	عجیب
'aks (s.m.)	reflection	عکس
'imārat (s.f.)	building	عِمارت
'amal karnā (v.t.)	to act; to act upon	عمل کرنا
'aysh (s.m.)	life of luxury/pleasure	عیش

غ

ghāliban (adv.)	probably	غالباً
ghayb honā (v.i.)	to disappear	غائب ہونا
ghusl-khāna (s.m.)	washroom; bathroom	غُسل خانہ
ghussa ānā (v.i.)	to get angry	غُصّہ آنا
ghalatī (s.f.)	mistake	غَلَطی
ghul machānā (v.t.)	to make noise	غُل مچانا

ق

qismat āzmānā (v.t.)	to try one's luck	قِسمت آزمانا

ک

cottage (s./p.f.)	cottage	کاٹیج
kālē (adj.)	black	کالے
kāṇṭā (s.m.)	thorn; fork	کانٹا
kā'eṇ kā'eṇ karnā (v.t.)	to crow	کائیں کائیں کرنا
kiran (s.f.)	ray	کِرن
kashtī (s.f.)	boat	کَشتی
kambal (s./p.m.)	blanket	کمبل

computer (s./p.m.)	computer	کمپیوٹر
kamra (s.m.)	room	کمرہ
kūṇ'wāṇ (s.m.)	well	کنواں
kawwā (s.m.)	crow	کوّا
coach (s./p.m.)	coach	کوچ
kūdnā (v.i.)	to jump	کُودنا
khiṛkī (s.f.)	window	کھڑکی
khisyāna (v.n.)	embarrassed	کھسیانا
khilāṛī (s./p.m.)	player	کھلاڑی
khait (s./p.m.)	field	کھیت
khail (s.m.)	game	کھیل
kīṛē (p.m.)	worms	کیڑے
camping (s./p.f.)	camping	کیمپنگ
Canada kā jhanḍā (s.m.)	Canadian flag	کینیڈا کا جھنڈا

گ

gājar (s.f.)	carrot	گاجر
gāṛī (s.f.)	car; vehicle	گاڑی
gālē (p.m.)	flakes	گالے
gānā (s.m.; also v.t.)	song; to sing	گانا
gāhak (s./p.m.)	client; customer	گاہک
gā'ē (s.f.)	cow	گائے
gaṭṭhā (s.m.)	bundle	گٹّھا
gaṭhṛī (s.f.)	pouch; bag	گٹھڑی
gaddā (s.m.)	cushion	گدّہ
ghusnā (v.i.)	to push oneself in	گھُسنا
galā (s.m.)	throat	گلا
gulshan (s.m.)	rose/flower garden	گُلشن
gulū-band (s./p.m.)	scarf	گلوبند
godām (s.m.)	warehouse	گودام

gorē (adj.)	white; fair-skinned	گورے
ghabrānā (v.i.)	to be perplexed	گھبرانا
ghaṛi (s.f.)	watch	گھڑی
ghumānā (v.t.)	to turn; to rotate	گھمانا
ghuṇghriyālē (adj., p.)	curly	گھنگھریالے
ghoṛā-gāṛī (s.f.)	horse-driven carriage	گھوڑا گاڑی
gherā bāṇdhnā (v.t.)	to form a circle	گھیرا باندھنا
gīt (s./p.m.)	lyrical song	گیت
gīlī (adj., f.)	wet; moist	گیلی
gaiṇd (s.f.)	ball	گیند

ل

lālṭayn (s.f.)	lantern	لالٹین
library (s.f.)	library	لائبریری
laṛā'ī (s.f.)	fight	لڑائی
lutf uṭhānā (v.t.)	to enjoy	لطف اُٹھانا
lakṛiyāṇ (p.f.)	timber; fire-wood	لکڑیاں

م

māsṭer sāhib (s.m.)	teacher (male)	ماسٹر صاحب
miṭhā'ī (s./p.f.)	sweet-meats	مٹھائی
majma' (s.m.)	crowd	مجمع
machlī (s.f.)	fish	مچھلی
mukhālif (adj.)	opponent	مخالف
mukhtalif (adj)	different	مختلف
madadgār (s.m.)	helper	مددگار
murgh (s.m.)	rooster	مرغ
murgh kī azān (s.m.)	cock-a-doodle-doo	مرغ کی اذان
murghī (s.f.)	hen	مرغی

mashriq (s.m.)	east	مشرق
mushkil (adj.)	difficult	مُشکِل
mu'āfī māṇgnā (v.i.)	to apologize	مُعافی مانگنا
ma'mūlī (adj.)	ordinary; common	معمولی
mukammal (adj.)	complete	مکمل
man bhānā (v.n.)	being ageeable/pleasing	مَن بھانا
man-bharī (adj., f.)	content; satisfied	مَن بھری
manzil (s.f.)	storey; destination	منزِل
manzar (s.m.)	scene	مَنظر
motī (s./p.m.)	pearl	موتی
mauj (s.f.)	wave	مَوج
mauq'a (s.m.)	occasion	موقع
mokhā (s.m.)	hole in a tree	موکھا
mahārat (s.f.)	skilfulness; excellence	مہارت
maidān (s.m.)	playing-field	میدان
mēz (s.f.)	table	میز
mēlā (s.m.)	fair; concourse of people	میلا / میلہ
mēṇḍak (s./p.m.)	frog	مَینڈک

ن

natīja (s.m.)	result	نتیجہ
nasl (s.f.)	ethnic group; lineage	نَسل
nishān (s.m.)	sign	نِشان
nishāna-bāzī (s.f.)	target shooting	نِشانہ بازی
nazar dauṛānā (v.t.)	to glance around	نظر دوڑانا
naqdī (s./p.f.)	money; cash	نَقدی
nigrān (s./p.m.)	caretaker	نِگران
nalkā (s.m.)	hand-pump	نَلکا

و

wāqe'ī (adv.)	in fact; in reality	واقعی
video kā khēl (s.m.)	video-game	ویڈیو کا کھیل
wa'da (s.m.)	promise	وعدہ
waqt kā khāka (s.m.)	time-table	وَقت کا خاکہ
waqfa (s.m.)	break; intemission	وَقفہ

ہ

hāth milānā (v.t.)	to shake hands	ہاتھ ملانا
haḍḍī (s.f.)	bone	ہڈّی
hilānā (v.t.)	to shake/move	ہِلانا
halkī (adj., f.)	light (in weight)	ہلکی
himmat (s.f.)	courage	ہِمّت
haṇgāmī (adj)	emergency; make-shift	ہنگامی

ی

yaqīn (s.m.)	certainty; belief	یقین

کینیڈا میں اُردو کا سلسلہ وار نصاب

بچّوں کے لیے اُردو کی دُوسری کِتاب

کہانیاں اور نظمیں

(پہلا حِصّہ)

مدیرِ اعلیٰ

ڈاکٹر ساجدہ علوی

معاونین

فرحت احمد۔ فاروق حسن۔ اشفاق حسین

مجلسِ مصنّفین

حمیرہ انصاری۔ فردوس بیگ۔ رشیدہ مرزا۔ حامدہ سیفی۔ زاہدہ مرتضیٰ

تزئین کار : روپرٹ بوٹنبرگ

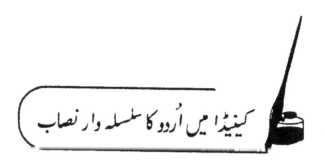

فہرستِ مضامین

آؤ میلے چلیں

حامدہ کے اسکول میں میلہ ہونے والا تھا۔ وہ اِس میلے میں کھیل کی ایک دوکان لگانا چاہتی تھی۔ جیسے جیسے میلے کا وقت قریب آتا گیا حامدہ اپنے کھیل کے بارے میں زیادہ سوچتی گئی۔ کبھی کتابوں کی چھان بین کرتی، کبھی دوستوں سے مشورہ کرتی، اور کبھی اپنے ابّو اور امّی سے رائے لیتی۔ اِسکول میں بھی میلے کی تیاریاں زوروں پر تھیں۔ کہیں انعامی ٹکٹ بِک رہے تھے تو کہیں اِشتہار بن رہے تھے۔ اُستاد اور والدین بھی میلے کی تیّاریوں میں شامل تھے۔ آخر میلے کا دن آ ہی گیا۔

ہفتے کا دن تھا۔ صبح سویرے ہی سے میلے میں کام کرنے والے اسکول میں جمع ہو گئے۔ طرح طرح کی دوکانیں لگیں۔ وہاں کھانے پینے کی چیزوں کے اسٹال بھی تھے اور پُرانی چیزوں کو بیچنے کی دوکان بھی تھی۔ کھیلوں کی دوکانیں بھی لگی ہوئی تھیں۔ پولیس بھی اپنی ایک موٹر گاڑی بچّوں کو دکھانے کے لیے لائی تھی۔ ایک طرف بچّے قِسمت آزمانے والے

کھیل جمائے بیٹھے تھے، تو دوسری طرف نشانہ بازی چل رہی تھی۔ باہر کے حصّے میں پانی کے کھیل تھے۔ حامدہ نے بھی اُسی طرف اپنا مچھلی پکڑنے کا ٹب جمایا ہوا تھا، اور وہ مُسکراتی ہوئی لوگوں کو اپنے کھیل میں حصّہ لینے کی دعوت دے رہی تھی۔ آہستہ آہستہ لوگ جمع ہونے لگے اور میلے کی رونق بڑھتی گئی۔

حامدہ کی مدد کرنے والی دوست سارہ بھی اُس کے ساتھ کھڑی ہو گئی۔ مچھلی پکڑنے کے لیے بہت لوگ آ رہے تھے۔ کیوں نہ آتے، کھیل ہی اِتنا دلچسپ تھا۔ ایک ٹکٹ دے کر دو منٹ کے لیے مچھلی پکڑنے کا وقت مِلتا تھا۔ دو منٹ کے بعد گھنٹی بج جاتی اور باری ختم ہو جاتی۔ اگر اُس وقت کے دوران میں کسی نے مچھلی اپنے کانٹے میں اٹکا لی تو اس کو پچاس پیسے انعام میں مِلتے۔ مگر اِس ٹب سے مچھلی پکڑنا آسان نہ تھا کیونکہ حامدہ اور سارہ باری باری ربڑ کے پائپ سے پانی میں پھونکیں مار رہی تھی تاکہ پانی ہلتا رہے اور مچھلی پکڑنے میں مشکل ہو۔ اس کھیل سے حامدہ اور سارہ میلے کے لیے خوب پیسے اِکٹّھے کر رہی تھیں۔

سب لوگ مصروف تھے کسی نے نہ دیکھا کہ ایک چھوٹا سا بچّہ پانی کے ٹب کو آہستہ آہستہ دھکیل رہا ہے اچانک ٹب ایک طرف جھکا اور دھڑام سے زمین پر آگرا۔ پانی

ہر طرف پھیل گیا اور وہ بچہ رونے لگا۔ بچّے کی ماں نے جلدی سے اُسے اُٹھایا اور سینے سے لگا لیا۔ مچھلیاں زمین پر پانی کے ساتھ بہنے لگیں۔ اِردگِرد کھڑے ہوئے لوگ دُور ہٹ گئے۔ حامدہ اور سارہ جلدی جلدی اپنا سامان سمیٹنے لگیں۔ دونوں نے مِل کر ٹب اُٹھایا اور مچھلیاں پکڑ کر دوبارہ اس میں ڈال دیں۔ بچّے جو ٹِکٹ لیے کھڑے تھے پریشان ہو گئے۔ حامدہ اور سارہ نے اُنہیں یقین دلایا کہ جلد ہی کھیل دوبارہ شروع ہو جائے گا۔

بچّوں نے تھوڑی دیر انتظار کیا مگر پھر دوسرے کھیلوں کی طرف ہو لیے۔ حامدہ اور سارہ تیزی سے کام کر رہی تھیں۔ اُنہوں نے جلدی جلدی اپنی میز پھر سے جما لی مگر بالٹی میں پانی بھر بھر کر لانے میں دیر لگ رہی تھی۔ جب ٹب میں پانی بھر گیا تو اُنہیں احساس ہوا کہ اُنہوں نے بہت سارے گاہک کھو دیئے ہیں یہ سوچ کر اُنہوں نے سیل (sale) کا اعلان کر دیا۔ اب وہ زور زور سے چیخ رہی تھیں کہ ایک ٹکٹ پر ایک کے بجائے دو کھیل۔ یہ سُنتے ہی بچّے دوبارہ اُن کے اسٹال پر آ گئے اور مچھلیاں پکڑنے کا کھیل اور بھی زور شور سے شروع ہو گیا۔

سوالات :

۱۔ کیا آپ نے کبھی کوئی میلہ دیکھا ہے؟

۲۔ کیا آپ نے کبھی اپنے اِسکول کے میلے میں کام کیا ہے؟

۳۔ میلے کا کون سا اسٹال آپ کو سب سے زیادہ پسند آیا؟

۴۔ وہاں آپ کو کون سی چیزیں یا کھیل تماشے اچھے لگے؟

۵۔ حامدہ اور سارہ نے گاہک کیسے کھو دیئے؟

قواعد : فعل ماضی جاریہ

بن رہے تھے، پھونک مار رہی تھیں، آ رہی تھیں، دے رہی تھیں، ہو رہی تھیں

دوست کے گھر

راشد کی سمجھ میں نہیں آ رہا تھا کہ کیا کرے۔ نہانے کے لیے اس نے پورے جسم پر صابن ملا ہوا تھا، چہرے پر بھی صابن لگا ہوا کہ پانی آنا بند ہو گیا۔ اس کی آنکھیں بند تھیں۔ اس نے پانی کی ٹونٹی ٹٹول کر کھولی، مگر اس میں سے ایک بُوند بھی پانی کی نہ نکلی۔ راشد سوچ میں پڑ گیا کہ یہ مشکل کیسے حل کرے۔ کل رات ہی راشد اور اس کے والدین خالد کے گھر پہنچے تھے۔ خالد راشد کا دوست تھا۔ اور اس کا گھر فارم پر تھا۔ صبح ہوتے ہی راشد نہانے چلا گیا۔ یہ غُسل خانہ ذرا مختلف تھا۔ کونے میں ایک ٹنکی ایک اُونچی میز پر رکھی تھی۔ وہیں راشد صابن لگائے کھڑا تھا۔ اب وہ سوچ رہا تھا کہ کسی کو آواز دے یا پانی آنے کا انتظار کرے۔ اِتنے میں دروازے پر آواز ہوئی "راشد! دروازہ کھولو، میں گرم پانی لا رہی ہوں۔" راشد کے چہرے پر صابن لگا ہوا تھا اور وہ آنکھیں نہیں کھول سکتا تھا۔ اس نے جواب دیا "امّی! میرے چہرے پر صابن لگا ہے، میں دروازہ کیسے کھولوں؟" خالد کی امّی

بھی آگئیں اور بولیں "راشد بیٹا! سیدھے ہاتھ پر ایک بالٹی رکھی ہے اس میں ضرور پانی ہو گا۔ تم اس سے اپنا چہرہ دھولو"۔ راشد نے ایسا ہی کیا۔ جب چہرہ دھو چکا تو اس نے دروازہ کھول کر امّی سے گرم پانی لے لیا۔ اور اطمینان سے نہالیا۔

ناشتہ تیار تھا۔ سب نے انڈے پراٹھے خوب مزے لے لے کر کھائے۔ خالد بے چین تھا کہ اپنے دوست کو فارم کی سیر کرائے۔ خالد کے ابّو نے ناشتے کے بعد بچوں سے فارم پر چلنے کے لیے کہا تو وہ خوشی سے پھولا نہ سمایا۔ ابّو بچوں کو ٹریکٹر پر بٹھا کر گھمانے لے چلے۔ یہ فارم بہت پھیلا ہوا تھا۔ اس میں قِسم قِسم کی سبزیاں اُگ رہی تھیں۔ طرح طرح کے پھل لگے تھے۔ واپسی پر خالد کے ابّو اُن کو بارن (barn) میں لے گئے جہاں اُن کے جانور گائیں، بکریاں اور مرغیاں تھیں۔ خالد راشد کو مرغیوں کے دڑبوں میں لے گیا۔

وہاں دونوں نے انڈے جمع کرنے کے لیے ایک ایک ٹوکری اُٹھائی۔ مُرغیاں ان کو دیکھتے ہی خُوب شور مچانے لگیں۔ راشد ڈر رہا تھا کہ مُرغیوں کے پاس سے کیسے انڈے اٹھائے۔ کہیں وہ اس کو کاٹ نہ کھائیں۔ اس نے دیکھا کہ خالد آرام سے ایک ایک مُرغی کو ہٹا کر انڈے اُٹھا رہا ہے۔ یہ دیکھ کر راشد کی ہمّت بڑھی۔ اس نے بھی کچھ انڈے اُٹھائے تو اُس کا ڈر ختم ہو گیا۔ اس کی ٹوکری بھی جلد ہی انڈوں سے بھر گئی۔ خالد نے سب مُرغیوں کے دڑبوں میں ان کے لیے دانے ڈالے۔ مُرغیاں انڈے بھول کر دانہ چُگنے میں مصروف ہو گئیں۔ راشد کو بہت اچھا لگا۔ خالد نے گائے کی بالٹیوں میں پانی ڈالا اور ان کے سامنے چارا رکھ دیا۔ پھر دونوں دوست باہر آ گئے۔ گھر کی طرف جاتے ہوئے راشد نے خالد سے پوچھا "تمہارا اِسکول کتنی دُور ہے؟" خالد بولا "میں اِسکول بس پر جاتا ہوں اور بس تک پہنچنے کے لیے مجھے ایک میل چلنا پڑتا ہے۔"

دوپہر کے کھانے کے بعد راشد اور خالد کچھ دیر تک باہر کھیلے۔ راشد نے خالد سے پوچھا " تمہارے پاس کون کون سے ویڈیو کے کھیل ہیں؟" خالد نے جواب دیا "ہمارے گھر میں بجلی ہی نہیں ہے اور نہ ہی کوئی ٹیلی ویژن ہے"۔ راشد کو یقین نہ آیا۔ اُس نے کہا "رات کو تو تمہارے گھر میں روشنی تھی۔" خالد نے جواب دیا "وہ روشنی ہماری اپنی گیس کی مشین سے پیدا ہوتی ہے۔ ابّو اس میں روزانہ گیس بھر دیتے ہیں۔ ہمارا گھر لکڑی کے گُدّے جلانے سے گرم ہوتا ہے۔ پانی کنوئیں سے آتا ہے' یا ہم ہاتھ سے چلانے والا نلکا استعمال کرتے ہیں۔ اس لیے ایک وقت میں ایک آدمی ہی نہا سکتا ہے اور ہمیں پانی بھی بہت احتیاط سے استعمال کرنا پڑتا ہے' ورنہ وہی ہو گا جو صبح تمہارے ساتھ ہوا تھا کہ صابن لگا ہوا تھا اور پانی ختم ہو گیا۔"

راشد سوچنے لگا کہ بغیر ٹیلی ویژن کے کوئی کس طرح رہ سکتا ہے یا بغیر کمپیوٹر کے کس طرح وقت گزار سکتا ہے؟ راشد نے اپنے گھر کے بارے میں سوچا "کس قدر آسان ہے ہمارے لیے بتّی جلانا۔ گھر میں پانی بھی اپنے آپ آتا ہے اور کبھی بند نہیں ہوتا۔ میں نہاتے ہوئے کتنا پانی ضائع کرتا ہوں، اور باہر جاتے وقت اپنے کمرے کی بتّی بھی نہیں بُجھاتا۔" یہ سب سوچتے ہوئے اس نے اللہ کا شُکر ادا کیا کہ اُس کی زندگی کتنی آرام کی ہے۔

سوالات :

۱۔ راشد کے نہانے میں پانی کیوں ختم ہوگیا؟

۲۔ خالد کے گھر میں بجلی کیسے آتی ہے؟

۳۔ مُرغیوں کے دڑبے میں راشد نے کیا کیا؟

۴۔ آپ بغیر ٹیلی ویژن اور ویڈیو کے اپنے آپ کو کیسے مصروف رکھ سکتے ہیں؟

قواعد : اِسم

مُرغی، دڑبہ، کنواں، ٹونٹی، چارا

تم بھی بچّے ہم بھی بچّے

رات کو میں نے خواب میں دیکھا

دُور کھڑا ہوں چوراہے پر
سب سے اکیلا سب سے ہٹ کر
کھیل رہے ہیں بہت سے بچّے
سب رنگوں کے سب نسلوں کے
گورے کالے بُھورے پیلے
چھوٹے موٹے دُبلے پتلے
کوئی آنکھ مچولی کھیلے
گیند اور بلّا کوئی کھیلے

میں نے سوچا میں بھی جاؤں
جا کر کھیل کا لطف اُٹھاؤں
لیکن اِن کے رنگ الگ ہیں
کھیل کے سارے ڈھنگ الگ ہیں
اِن کے ساتھ میں کیسے کھیلوں
اِن سے رشتہ کیسے جوڑوں

اِتنے میں اِک چھوٹا بچّہ
میرے پاس یہ آ کر بولا
تم کیوں اِتنی دُور کھڑے ہو
آؤ تم بھی ہم سے کھیلو
ہم سب پھول ہیں اِس گلشن کے
تم بھی بچّے ہم بھی بچّے

سوالات :

۱- بچّے نے رات کو خواب میں کیا کیا دیکھا ؟

۲- بچّے کون کون سے کھیل کھیل رہے تھے ؟

۳- خواب دیکھنے والے بچّے نے دوسرے بچّوں کو کھیلتے ہوئے دیکھ کر کیا سوچا ؟

۴- چھوٹے بچّے نے آ کر کیا کہا ؟

۵- کِن کِن رنگوں کے بچّے وہاں کھیل رہے تھے ؟

قواعد : اِسم

چوراہا، بچّہ، گیند، بلّا، گُلشن

آسیہ کا اِسکول

آج آسیہ بہت خوش تھی۔ اُس کے ماسٹر صاحب نے کلاس کو بتایا کہ آسیہ کا مضمون "میرا اسکول" سب سے اچھا مضمون ہے۔ وہ چاہتے تھے کہ آسیہ سب کو پڑھ کر سنائے۔

آسیہ نیلے رنگ کا لباس پہنے ہوئے تھی' اُس کے گھنگھریالے کالے کالے بال چمک رہے تھے۔ اُسکے کانوں میں چھوٹی چھوٹی سونے کی بالیاں بھی چمک رہی تھیں۔ آسیہ اپنی جگہ سے تیزی سے اُٹھی اور کلاس کے سامنے آکر اپنا وہ مضمون سنانے لگی۔

"ہمارا خاندان تین سال پہلے صومالیا سے کینیڈا آیا تھا۔ اِس اِسکول میں مجھے اپنا پہلا

سال کبھی نہیں بھولے گا- میں دوسری کلاس میں تھی اور میرا چھوٹا بھائی فیض پہلی کلاس میں تھا- ستمبر کا مہینہ تھا اور اِسکول کھل چکے تھے- ابّو مجھے اور میرے بھائی فیض کو اِسکول لے گئے- مجھے اِسکول جاتے ہوئے بہت عجیب سا لگ رہا تھا اور میں کافی گھبرائی ہوئی تھی-

یہ اِسکول صومالیا کے اِسکول سے بالکل مختلف تھا- سب بچّے انگریزی میں باتیں کر رہے تھے- مجھے اور فیض کو کچھ سمجھ میں نہیں آ رہا تھا- میں اور فیض سب سے مختلف تھے، ہم دونوں وقفے کے دوران ایک طرف کھڑے ہو کر سب کو دیکھ رہے تھے- ماسٹر صاحب نے کلاس کی ایک لڑکی مارگریٹ سے کہا کہ وہ ہمیں اِسکول دکھائے اور اِسکول کے بارے میں بتائے- میرا جی چاہ رہا تھا کہ میں اِس اسکول کو چھوڑ کر اپنے صومالیا کے اِسکول میں اُڑ کر پہنچ جاؤں- مجھے اپنے دوست اور اُستاد بھی یاد آ رہے تھے-

کینیڈا کا یہ اِسکول صومالیا کے اِسکول سے کافی چھوٹا تھا- یہاں صرف ڈھائی سو بچے تھے- یہاں اور بھی بچّے تھے جو مختلف ملکوں سے آئے ہوئے تھے- کچھ بچّے چین، ویت نام، پاکستان، مصر اور پولینڈ سے تھے- مگر میں اور میرا بھائی سب سے مختلف تھے، ہمارے کپڑے بھی دوسرے بچوں سے مختلف تھے- میں ہر روز گھر جا کر روتی تھی اور صبح میرے پیٹ میں درد ہوتا تھا- میں اِسکول نہیں جانا چاہتی تھی-

ہم میں سے جن بچّوں کی انگریزی کمزور تھی اُنہیں ہر روز تھوڑی دیر کے لیے ایک خاص انگریزی کی کلاس میں بھیجا جاتا تھا- ہماری اُستانی انگریزی سیکھنے میں ہماری مدد کرتی تھیں- مجھے یہ کلاس بہت پسند تھی کیونکہ یہاں میری اُستانی کبھی کبھی مجھے عربی میں بھی کہانی لکھنے کی اجازت دے دیتی تھیں، اور میں بغیر کسی مدد کے اچھی لمبی کہانی لکھ لیتی تھی-

میری کلاس میں پچیس بچّے تھے- صرف چند لڑکیاں تھیں جو میرے ساتھ اچھّی طرح بات کرتی تھیں- باقی لڑکے لڑکیاں مجھ سے الگ الگ رہتے تھے- وہ نہ تو میرے پاس بیٹھنا چاہتے تھے اور نہ ہی مجھے اپنے گروپ میں شامل کرنا چاہتے تھے- انگریزی اچھی طرح نہ بولنے کی وجہ سے میں اپنے احساسات بھی دوسروں کو نہیں بتا سکتی تھی- جب میں کوئی

بات کرتی تو وہ ہنسنے لگتے۔ یہ مجھے بہت بُرا لگتا۔ اس لیے مجھے اپنا صومالیا کا اِسکول اور اپنی سہیلیاں اور بھی زیادہ یاد آتیں۔

کچھ ہفتے گزرنے کے بعد میری دوستی مارگریٹ اور اس کی سہیلی وینڈی سے ہو گئی۔ یہ دونوں میرے پاس بیٹھنا پسند کرتی تھیں اور مجھ سے اچھی طرح بات چیت بھی کرتی تھیں۔ اب مجھے کینیڈا کے اِس اِسکول میں کچھ اچھا محسوس ہونے لگا تھا۔ میں انگریزی بولنے کی پوری کوشش کرتی تھی کیونکہ مجھے مارگریٹ اور وینڈی کو اپنی باتیں سمجھانے میں مشکل پیش آتی۔ کبھی میں اُن کو اِشاروں سے سمجھاتی اور کبھی کبھی تصویریں بنا کر سمجھانے کی کوشش کرتی۔

ایک دن میں اپنی ان دونوں سہیلیوں کے ساتھ وقفے کے دوران اِسکول کے میدان میں کھیل رہی تھی۔ میں نے دیکھا کہ ایک لڑکا کوری چھوٹے بچّوں کو تنگ کر رہا ہے۔ ان بچّوں میں میرا بھائی فیض بھی تھا۔ میں نے گھبرا کر کوری سے کہا کہ وہ بچّوں کو تنگ

نہ کرے۔ اِتنا کہنا تھا کہ کوری غصّے میں آ گیا اور لڑنے لگا۔ اِس جھگڑے کی خبر پرنسپل تک پہنچی کئی دن تک نہ صرف میری بلکہ کلاس کے کئی اور بچّوں کی بھی پرنسپل کے ساتھ ملاقاتیں ہوتی رہیں۔ مجھے اور میری سہیلیوں کو بہت مصیبت اُٹھانی پڑی۔ کوری اور اُس کے دوستوں نے اُلٹا میرے اُوپر اِلزام لگا دیا تھا کہ میں نے ان کو پہلے گالی دی تھی۔ پرنسپل کی مدد سے آخرکار یہ مُشکل حل ہو گئی۔

اب میرا اِسکول میں دل لگنے لگا۔ ہمارے اِسکول میں ایک ہاکی کلب بھی تھا مجھے اِس کھیل میں بہت دلچسپی تھی اِس لیے میں نے بھی اِس میں حصّہ لیا۔ میں اکثر اپنی ٹیم کے لیے گول (goal) کرتی تھی۔ میری ٹیم کے تمام بچّے مجھے بہت پسند کرنے لگے۔

میرا بھائی فیض اور میں اِسکول میں بہت خوش تھے۔ جب سردی شروع ہوئی تو اِسکول کے بچّے آئس اسکیٹنگ کے لیے گئے۔ میں اور فیض بھی گئے ہم دونوں کو آئس اسکیٹنگ نہیں آتی تھی مگر ہم نے خوب کوشش کی۔ شروع شروع میں ہم لوگ کئی دفعہ گرے بھی۔ ہم سروں پر حفاظتی ٹوپیاں پہنے ہوئے تھے اس لیے ہمیں چوٹ نہ لگی۔ میں نے اپنی انگریزی کی اُستانی کی مدد سے آئس اسکیٹنگ پر ایک بہت دلچسپ اور مزاحیہ کہانی لکھی اور اُس کے لیے مناسب تصویریں بھی بنائیں۔

اب اِسکول میں میرے اور میرے بھائی کے بہت دوست بن گئے ہیں اور ہمارا وقت بہت اچّھا گزر رہا ہے۔ ہمارا دل خوب لگ گیا ہے۔ میں اب بھی اکثر اپنے صومالیا کے اِسکول کے بارے میں سوچتی ہوں، اپنی سہیلیوں کو یاد کرتی ہوں اور اُنہیں خط میں یہاں کے اِسکول کے بارے میں نئی نئی اور اچھّی اچھّی باتیں لکھتی ہوں۔"

جیسے ہی آسیہ نے اپنا مضمون ختم کیا، اُس کی ساری کلاس نے کھڑے ہو کر خوب تالیاں بجائیں۔

سوالات :

۱۔ آسیہ کِس ملک سے کینیڈا آئی تھی؟

۲۔ آسیہ کی دو سہیلیوں کے نام کیا تھے؟

۳۔ شروع شروع میں آسیہ اور رفیق کو اپنے نئے اِسکول میں کیا مشکلیں پیش آئیں؟

۴۔ بعد میں آسیہ اور رفیق کو وہ اِسکول کیسا لگتا تھا؟

۵۔ آسیہ کو کس کھیل میں زیادہ دلچسپی تھی؟

قواعد : واحد و جمع

لڑکی، لڑکیاں - سہیلی، سہیلیاں - کہانی، کہانیاں

خلائی جہاز

جمیل کی کلاس خلائی مرکز دیکھنے کے لیے جانے والی تھی۔ اُسے بے حد بے چینی سے صبح کا انتظار تھا۔ ابھی اس کی آنکھ لگے تھوڑی ہی دیر گزری تھی کہ اچانک اس نے دیکھا کہ ایک خلائی جہاز اُس کی کھڑکی کے سامنے آکر رُک گیا ہے۔ اس میں سے خوب تیز روشنی آ رہی تھی۔ اِتنے میں اُس جہاز سے ایک خودکار (automatic) سیڑھی کھڑکی کے راستے جمیل کے کمرے میں داخل ہو گئی۔ وہ تو پہلے سے ہی تیّار تھا فوراً" بستر سے اُٹھ کر سیڑھی پر چڑھا اور جہاز میں داخل ہو گیا۔ اندر جا کر دیکھا تو اس میں کوئی بھی نہ تھا۔ جمیل نے اِدھر اُدھر دیکھا تو چاروں طرف اس کو بٹن ہی بٹن اور مختلف قسم کے جلتے بُجھتے بلب دکھائی دیئے۔ اِتنے میں جہاز کا دروازہ کھٹ سے خود بخود بند ہو گیا اور تھوڑی دیر بعد وہ آسمان کی طرف اُڑنے لگا۔

جمیل نے کھڑکی میں سے باہر دیکھا تو وہ اپنے گھر سے دُور ہوتا چلا جا رہا تھا۔ پہلے

اس کا گھر آنکھوں سے اوجھل ہوا پھر زمین بھی غائب ہو گئی' لیکن چاند اور ستارے زیادہ روشن نظر آنے لگے۔

جمیل کھڑکی سے ہٹ کر واپس جہاز کے اندورنی حصے کی طرف لپکا کہ شاید جلتی بُجھتی بتیوں والے بٹنوں پر کچھ لکھا ہو اور اس سے کچھ مدد مل سکے۔ قریب جا کر دیکھا تو اُس پر کسی اور زبان کے الفاظ لکھے ہوئے تھے۔ اُنہیں وہ بالکل بھی نہ پڑھ سکا۔ چاروں طرف دیکھنے پر اس کو ایک دستہ نظر آیا۔ اس نے سوچا کہ اسے موڑ کر دیکھے شاید جہاز کا رُخ زمین کی طرف ہو جائے اور وہ گھر واپس پہنچ جائے۔ اس نے جیسے ہی دستے کو گھمایا تو پورا جہاز فوراً گھوم گیا۔ جمیل پہلے تو بہت خوش ہوا مگر پھر اس سوچ میں پڑ گیا کہ باہر تو ہر طرف اندھیرا ہی اندھیرا ہے نہ معلوم جہاز کا رخ زمین کی طرف ہے یا کسی اور طرف۔ جمیل نے ڈرتے ڈرتے ایک اور بڑے بٹن کو ہاتھ لگایا جس پر ٹیلی ویژن کی شکل بنی ہوئی تھی۔ بٹن دباتے ہی اسکرین (screen) پر کچھ تصویریں آنی شروع ہو گئیں۔ چھوٹے چھوٹے سبز رنگ کے لوگ اپنی زبان میں کچھ باتیں کر رہے تھے جو جمیل بالکل نہ سمجھ سکا۔

اِتنے میں اس کی نظر کھڑکی پر پڑی جہاں کسی روشن چیز کا عکس نظر آ رہا تھا۔ جمیل دوڑ کر کھڑکی کے پاس پہنچ گیا۔ اس کا دل زور زور سے دھڑک رہا تھا۔ وہ پریشان ہو کر روشنی کے اُس گولے کی طرف دیکھنے لگا۔ روشنی کا وہ گولا دِھیرے دِھیرے بڑا ہوتا گیا اور ایک جھٹکے کے ساتھ وہ خلائی جہاز اس پر جا کر رُک گیا۔ تھوڑی دیر بعد جہاز کا دروازہ خود بخود کُھل گیا اور اس دروازے کے ساتھ ایک خودکار سیڑھی بھی لگ گئی۔

جمیل باہر نکلا تو اُس نے دیکھا کہ ہر طرف چھوٹے چھوٹے قد والے ہرے رنگ کے لوگ کھڑے ہیں۔ اُن کے پیچھے تتلیوں جیسے خوبصورت پر لگے ہوئے ہیں۔ جمیل ان کے سامنے جِنّ لگ رہا تھا۔ ان لوگوں نے جمیل کو چاروں طرف سے گھیر لیا اور حیران ہو

کر اس کے جسم کے حصّوں کو چُھونے لگے۔ کوئی اس کے بالوں کو ہاتھ لگا رہا تھا تو کوئی اس کی اُنگلیوں کو چُھو رہا تھا۔ جمیل کو ایسا لگا جیسے اِن لوگوں نے شاید پہلی بار کسی انسان کو دیکھا ہو۔ تھوڑی ہی دیر بعد ان میں سے ایک نہایت خوب صورت سبز رنگ والے شخص نے اشاروں میں جمیل سے سامنے کی ایک عمارت میں چلنے کو کہا۔ وہ عمارت بہت روشن اور صاف سُتھری تھی۔ اس عمارت کی ہر چیز ہرے رنگ کی تھی۔ وہاں پر بہت سارے ہرے رنگ کے لوگ جمع تھے۔ ایسا لگ رہا تھا جیسے جمیل کے استقبال کے لیے پُورے کا پُورا شہر چلا آیا ہو۔

اِتنے میں جمیل کو بھوک لگنے لگی۔ اُس نے لوگوں سے کھانے کے بارے میں پوچھا مگر وہ اُس کی زبان بالکل نہ سمجھ سکے۔ وہ آہستہ آہستہ جہاز کی طرف واپس جانے لگا۔ تمام سبز رنگ کے لوگ بھی اس کے ارد گرد چلنے لگے۔ جہاز کے قریب پہنچ کر اُس نے دروازہ ڈھونڈا مگر اُسے کوئی دروازہ نظر نہ آیا۔ اُس نے لوگوں سے اپنی واپسی کے بارے میں پوچھا۔ کوئی بھی اس کی زبان نہ سمجھ سکا۔ اب تو جمیل کو پریشانی شروع ہو گئی۔ اُسے خیال آیا کہ اُس نے چلتے وقت امّی اور ابّو سے باہر جانے کی اجازت بھی نہیں لی تھی۔ اُسے گھر میں نہ پاکر وہ بے حد پریشان ہو رہے ہوں گے۔ یہ سب کچھ سوچ کر جمیل کی آنکھوں میں آنسو آ گئے۔

اِتنے میں جمیل کو اپنی امّی کی آواز سنائی دی "جمیل بیٹے! جلدی اُٹھو۔ آج تو تمھیں خلائی مرکز دیکھنے بھی جانا ہے۔ کہیں اسکول جانے میں دیر نہ ہو جائے" امّی کی آواز سنتے ہی جمیل جاگ اٹھا اور فوراً کھڑکی کی طرف لپکا۔ وہاں کچھ بھی نہ تھا بس سورج کی سنہری کرنیں کھڑکی کے شیشے پر چمک رہی تھیں۔

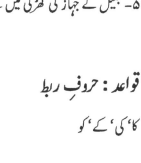

سوالات :

۱۔ جمیل کہاں جانے کی تیاری کر رہا تھا؟

۲۔ خلائی جہاز کے اندر کیا تھا؟

۳۔ خلائی جہاز جمیل کو کہاں لے کر گیا؟

۴۔ سبز رنگ کے لوگ کیسے تھے؟

۵۔ جمیل نے جہاز کی کھڑکی میں سے کیا دیکھا؟

قواعد : حروفِ ربط

کا، کی، کے، کو

میرا دوست کمپیوٹر

ناہید جیسے ہی اپنے اندھیرے کمرے میں داخل ہوئی۔ اس کی نظر چمکتے ہوئے کمپیوٹر پر پڑی۔ اُس نے اپنے آپ سے باتیں کرتے ہوئے کہا آج میرے کمپیوٹر کی روشنی اِتنی تیز کیوں لگ رہی ہے ۔ کمپیوٹر نے فوراً جواب دیا' "ناہید مجھے تم سے یہ کہنا ہے کہ تمہارا کمپیوٹر کوئی معمولی کمپیوٹر نہیں ہے۔" ناہید چونک سی گئی۔ اُس نے سوچا کہ کیا اس کے کان بج رہے ہیں؟ کیا یہ ہو سکتا ہے کہ اُس نے اپنے آپ سے باتیں کرتے کرتے آوازیں بھی سننی شروع کر دی ہیں؟ اُس نے فوراً کمرے کی بتّی جلا دی اور کمپیوٹر کی روشنی ہلکی ہو گئی۔ پھر ناہید نے سوچا کہ اُسے جلدی سے اسکول کا کام کرنا چاہیئے۔ اُس نے کمپیوٹر پر اِسکول کا کام کرنا شروع کر دیا۔

تھوڑی ہی دیر کام کرنے کے بعد ناہید کے کانوں میں وہی پہلے کی طرح آواز آنے لگی "ناہید! مجھے تم سے یہ کہنا ہے کہ تمہارا کمپیوٹر کوئی معمولی کمپیوٹر نہیں ہے"۔ ناہید نے اپنا

کام بند کر دیا اور سوچنے لگی کہ اس نے یہ الفاظ سنے تو تھے مگر کس نے کہے تھے؟ اُس نے اپنے کمپیوٹر کی طرف دیکھا مگر اُسے کوئی خاص بات نظر نہ آئی۔ اُس نے اپنے آپ سے کہا کہ ایک دفعہ پھر میں اپنے کمرے میں داخل ہوتی ہوں اور دیکھتی ہوں کہ کیا ہوتا ہے۔

وہ کمرے سے باہر گئی اور جاتے ہوئے اُس نے بتی بُجھا دی کمپیوٹر کی روشنی پھر سے تیز ہو گئی۔ کمپیوٹر نے پھر کہنا شروع کیا "ناہید! تم اپنے کمپیوٹر کی طرف تو دیکھو۔ میں تم سے اور صِرف تم ہی سے بات کر سکتا ہوں۔ تم مجھے اپنا دوست سمجھو اور کوئی مشکل ہو تو مجھے بتاؤ"

ناہید آنکھیں پھاڑ پھاڑ کر اُس کی طرف دیکھ رہی تھی۔ اُس کی سمجھ میں کچھ نہیں آ رہا تھا کہ کیا ہو رہا ہے، مگر اس نے کسی طرح ہمّت کر کے کمپیوٹر سے باتیں کرنی شروع کر دیں۔ کہنے لگی "واہ، کیا بات ہے میں کتنی خوش قسمت ہوں کہ مجھے تمہارے جیسا دوست مل گیا ہے مگر میں یہ بات کسی کو نہیں بتاؤں گی"۔ کمپیوٹر نے کہا "یہ اچھا خیال ہے۔" ناہید نے پوچھا "اب یہ تو بتاؤ کیا تم میرے لیے سب نئے کھیل لا سکتے ہو؟" کمپیوٹر نے جواب دیا "کیوں نہیں، ہر کھیل میرے پاس موجود ہے"۔ اچانک کمپیوٹر کی روشنی کچھ ہلکی ہوئی اور پھر تیز ہو گئی اور کھیلوں کے سارے نام اس کی اسکرین پر آ گئے۔ ناہید خوشی کے مارے اُچھلنے لگی۔ کمپیوٹر نے کہا "شور نہ مچاؤ۔" ناہید خاموش ہو گئی۔ اُسے ایک دم خیال آیا کہ صبح اُسے اِسکول جانا ہے اس نے کمپیوٹر سے کہا کہ "اب مجھے سو جانا چاہیئے، رات کے دس بج چکے ہیں"۔

دوسرے دن اِسکول میں ناہید کی اُستانی نے کہا "ناہید! آج تم تھکی ہوئی لگ رہی ہو۔" ناہید نے جواب دیا "جی، میں رات دیر سے سوئی تھی"۔ اُستانی نے کہا "رات کو جلدی سویا کرو ورنہ اگلے روز اسکول میں تم ٹھیک طرح سے پڑھ نہیں سکو گی۔"

اُس شام ناہید نے جلدی جلدی کھانا کھایا اور اپنے کمرے میں چلی گئی۔ اُس نے

کمرے کی بتّی پھر بُجھا دی۔ کمپیوٹر نے ناہید سے پوچھا "کیا کوئی کھیل کھیلو گی یا اِسکول کا کام کرنا ہے؟" ناہید نے کہا "کھیل کھیلوں گی۔" بہت سارے کھیل کمپیوٹر کی اسکرین پر آ گئے اور ناہید کھیلوں میں لگ گئی۔ دوسرے دن ناہید اِسکول کا کام کیے بغیر چلی گئی۔ اُستانی نے ناہید کو ڈانٹا کہ تم نے اِسکول کا کام کیوں نہیں کیا۔ ناہید نے وعدہ کیا کہ وہ آئندہ اِسکول کا کام اچھی طرح کر کے آیا کرے گی مگر جب بھی ناہید اپنے کمرے میں جاتی وہ اسکول کے کام کو اور اپنے اِمتحان کو بھی بھول جاتی۔ اس طرح وہ پڑھائی سے دُور ہوتی گئی۔

اب اُس کا دھیان کمپیوٹر کی طرف ہی رہتا۔ جوں ہی وہ اپنے کمرے میں آتی، بجائے اِسکول کا کام کرنے کے وہ کمپیوٹر پر کھیل کھیلنے لگ جاتی۔ اسی دوران اِمتحان کا دن آیا اور چلا بھی گیا۔ ناہید نے اِمتحان دے تو دیا مگر اُسے بہت سے سوالوں کے جواب اچھی طرح

سے نہیں آتے تھے۔ اس نے یہ کہہ کر اپنے آپ کو تسلی دی کہ اگلی دفعہ وہ زیادہ محنت کرے گی۔ جب استانی نے دیکھا کہ ناہید کے نمبر بہت کم آئے ہیں تو انہوں نے ناہید کے گھر فون کیا کہ نہ جانے ناہید کو کیا ہو گیا ہے وہ اِسکول کے ہر کام میں سست ہو گئی ہے۔ اس کے اس سے پہلے اِمتحان میں کبھی اِتنے کم نمبر نہیں آئے تھے۔

ناہید کو جب یہ پتہ چلا کہ امّی کے پاس اِسکول سے فون آیا ہے تو وہ بہت پریشان ہوئی اور سوچنے لگی کہ آئندہ کس طرح وہ اچّھے نمبر لے سکتی ہے؟ یہ سوچتے ہوئے وہ اپنے کمرے میں داخل ہوئی تو کمپیوٹر نے پوچھا "ناہید تم بہت پریشان لگ رہی ہو، کیا بات ہے؟ مجھے بتاؤ میں تمہاری مدد کروں گا۔" ناہید نے جواب دیا "اِسکول کے امتحان میں میرے نمبر بہت کم آئے ہیں۔ میری پڑھائی کچھ ٹھیک نہیں ہو رہی ہے۔ میں نے کمپیوٹر کے کھیلوں میں بہت وقت لگایا ہے۔" کمپیوٹر نے جلدی سے کہا "اوہو، تم نے پہلے کیوں نہیں بتایا کہ یہ مشکل ہو رہی ہے میں ابھی تمہاری مشکل آسان کرتا ہوں۔ تم ایسا کرو کہ گھر آنے کے بعد کے وقت کا خاکہ بنالو میں اُس کے بنانے میں تمہاری مدد کروں گا۔" پھر ناہید نے کمپیوٹر کی مدد سے اِسکول کے بعد کا پروگرام تیار کر لیا۔ وہ ڈرتے ڈرتے امّی کے پاس گئی اور کہا "امّی جان! پچھلے تین ہفتے میں میں نے کمپیوٹر کے کھیلوں میں بہت سا وقت ضائع کر دیا تھا اور میں نے اِسکول کا کام اچھی طرح سے نہیں کیا تھا لیکن اب میں نے کمپیوٹر کی مدد سے اِسکول کے بعد کے وقت کا پورا خاکہ تیار کر لیا ہے۔" اِس کا بنایا ہوا

خاکہ دیکھ کر امّی خوش ہو گئیں اور کہنے لگیں "بیٹی! اِسکول کے بعد کے وقت میں کام کرنے کا یہ خاکہ بہت اچھا ہے۔ مگر اس پر عمل کرنا تمہارا کام ہے۔"

دوسرے دن جب ناہید اسکول سے واپس آئی تو کھانے پینے کے بعد اس نے پہلے اپنے اِسکول کا کام کیا۔ کچھ وقت کے لیے وہ باہر کھیلنے گئی پھر اندر آکر کچھ دیر ٹیلی ویژن دیکھا، اِس کے بعد اپنے کمرے میں کمپیوٹر سے ملنے چلی گئی۔ رات تو ہو ہی گئی تھی جونہی اُس نے کمپیوٹر کا بٹن دبایا تو اُس میں چمک نظر آئی اور کمپیوٹر نے کہنا شروع کیا "ناہید مجھے بہت خوشی ہے کہ تم اپنے بنائے ہوئے وقت کے خاکے پر پوری طرح عمل کر رہی ہو۔ اگر تم یوں ہی کام کرتی رہو گی تو ہماری تمہاری خوب بنے گی۔"

سوالات :

۱۔ کمپیوٹر پر کھیل کون کھیلتا ہے؟

۲۔ آپ لوگ کتنی دیر تک کمپیوٹر پر کھیلتے ہیں؟

۳۔ اِسکول کے کام کے لیے کمپیوٹر کون استعمال کرتا ہے؟

۴۔ کھیلوں کے علاوہ کمپیوٹر پر کیا کیا کر سکتے ہیں؟

۵۔ اِسکول کے بعد گھر میں کام کرنے کا خاکہ کیوں بنانا چاہیئے؟

قواعد : فعل مستقبل

کر لوں گی، کرو گی، کھیلوں گی

برف کا طوفان

باہر کے شور سے ڈبّو گلہری کی آنکھ آج ذرا جلدی ہی کھل گئی۔ اُس نے اپنے درخت کے موکھے سے باہر جھانکا تو اُسے ہر طرف برف کے سفید سفید گالے گرتے ہوئے نظر آئے۔ ایسا لگتا تھا کہ جیسے ساری کی ساری برف آج ہی گر جائے گی۔ ہر چیز برف سے ڈھکی ہوئی تھی۔ ایسے میں کھانے کے لیے کسی چیز کی تلاش میں باہر جانا بہت مشکل تھا۔ لیکن ڈبّو گلہری بالکل پریشان نہ تھی اور ہوتی بھی کیوں؟ اس کے پاس تو کھانے کا بہت سا سامان موجود تھا۔ سردیوں کا موسم آنے سے پہلے ہی ڈبّو نے اپنی سہیلیوں کے ساتھ مل کر بہت سارے بیج جمع کر لیے تھے تاکہ برف باری کے دِنوں میں اُسے اور اُس کے بچّوں کو کھانے کی پریشانی نہ ہو۔ وہ بڑے اطمینان سے اپنے گودام میں گئی تاکہ بچوں کے اُٹھنے سے پہلے کھانے پینے کا کچھ انتظام کر سکے۔ لیکن جیسے ہی وہ گودام میں گئی تو اس کا دل دھک سے رہ گیا۔ کیا دیکھتی ہے کہ سارے بیجوں میں کیڑے لگے ہوئے ہیں۔ کیڑے سارے کے

سارے بیج کھا چکے تھے اور ہر طرف چھلکے ہی چھلکے پڑے ہوئے تھے۔

وہ بے چاری بے حد پریشان ہوئی۔ سوچنے لگی کہ آخر اس موسم میں بچّوں کے لیے کھانے کا انتظام کیسے کرے؟ جب کچھ سمجھ میں نہ آیا تو وہ تیز ہوا کے جھکّڑوں اور برف باری سے بچتی بچاتی، ہمّت کر کے باہر نکلی۔ پڑوس کے درخت میں اس کی دوست بٹّو گلہری رہتی تھی۔ وہ اس کے گھر گئی اور بڑی اُداسی کے ساتھ کہا "میرے گھر میں سب بیجوں کو کیڑے کھا گئے ہیں۔ بچّوں کے کھانے کے لیے کچھ بھی باقی نہیں بچا۔ کیا تمہارے پاس کچھ بیج ہیں؟"

"نہیں ڈبّو! میرے گھر کے بھی تمام بیجوں کو کیڑے کھا گئے ہیں میں تو خود پریشان ہوں کہ آخر بچّوں کو اب کیا کھلاؤں گی؟" بٹّو گلہری نے جواب دیا۔

ڈبّو اب اپنی دوسری سہیلی آچھو گلہری کے گھر گئی اور اس سے بھی وہی سوال کیا۔ یہ سُن کر تو آچھو کی آنکھوں میں آنسو آ گئے۔ اس نے کہا کہ "ڈبّو! خود میرا بھی یہی حال ہے۔ میرے گھر کے سارے بیج بھی کیڑوں نے کھا لیے ہیں۔ میری تو خود سمجھ میں نہیں آ رہا ہے کہ کیا کروں؟ بچّوں کے لیے کھانا کہاں سے لاؤں؟"

ڈبّو اور بھی اُداس ہو گئی لیکن مایوس ہرگز نہ ہوئی۔ اسے فوراً خیال آیا کہ سلّو گلہری نے بھی ہم سب کے ساتھ مل کر بیج جمع کیے تھے کیوں نہ اُس سے بھی چل کر پوچھ لیا جائے۔ مگر سلّو کا گھر اُس کے گھر سے کافی دور تھا اور راستے میں ایک چھوٹی سی ندی بھی پڑتی تھی۔ لیکن جب اُسے اپنے بھوکے بچّوں کا خیال آتا تو اس کی ہمّت اور بڑھ جاتی۔ برف میں اس کے پاؤں دھنستے جاتے تھے مگر پھر بھی وہ تیز تیز چلتی ہوئی، ہانپتی کانپتی سلّو گلہری کے گھر پہنچ ہی گئی۔ ڈبّو نے اُس سے بھی وہی سوال کیا۔ سلّو نے اس کی حالت کو دیکھتے ہوئے کہا

"پہلے اندر تو آ جاؤ۔ تمہارا تو سردی کے مارے بُرا حال ہو رہا ہے۔ ذرا گرم ہو جاؤ تو میں تمہیں اپنے ساتھ لے کر گودام میں چلتی ہوں۔ تم اپنی ضرورت بھر بیج لے لینا۔"

یہ سن کر ڈبّو خوش ہو گئی۔ تھوڑی دیر کے بعد سَلّو اُسے اپنے ساتھ گودام میں لے گئی۔ اب جو اُس کی نظر بیجوں پر پڑی تو اس کا دل بھی دھک سے رہ گیا۔ اُس کے سارے بیجوں کو بھی کیڑے کھا چکے تھے اور ہر طرف چھلکے ہی چھلکے پڑے ہوئے تھے۔ سَلّو گلہری کی آنکھوں میں آنسو آ گئے۔

ڈبّو نے سَلّو کی آنکھوں میں آنسو دیکھے تو کہنے لگی۔

"سَلّو گھبراؤ نہیں۔ ہمیں ہمّت نہیں ہارنی چاہیئے۔ ہماری دوسری سہیلیوں کے پاس بھی کھانے کو کچھ نہیں ہے۔ چلو ہم ان کو بھی ساتھ لے کر نکلتے ہیں اور کہیں نہ کہیں سے کھانے کی کوئی چیز ڈھونڈ کر ہی دم لیں گے۔"

تھوڑی دیر میں ڈبّو نے اپنی تمام سہیلیوں کو جمع کر لیا اور وہ سب مل کر کھانے کا سامان ڈھونڈنے نکل پڑیں۔ چاروں طرف برف کا سفید فرش بچھا ہوا تھا۔ ہوا اِتنی تیز چل رہی تھی کہ زمین پر پاؤں جمانا مشکل ہو رہا تھا۔ اچانک ڈبّو کو خیال آیا کہ جس گھر کے سامنے والے پیڑ میں وہ رہتی ہے شاید اُس گھر سے کھانے کی کوئی چیز مل جائے۔ ڈبّو کی بات سنتے ہی وہ سب کی سب اس گھر کی طرف تیزی سے دوڑیں لیکن بند دروازوں کو دیکھ کر اُداس ہو گئیں ان کو اُداس دیکھ کر ڈبّو نے کہا کہ دروازے اگر بند ہیں تو کیا ہوا، چلو ہم لوگ کھڑکیوں کو دیکھتے ہیں شاید کوئی کھڑکی کُھلی ہوئی مِل جائے۔ اُن سب نے ہر کھڑکی کو بڑے غور سے دیکھا لیکن دروازوں کی طرح کھڑکیاں بھی بند ہی ملیں۔ بھلا اِتنی سخت سردی اور برف کے طوفان میں کوئی دروازے اور کھڑکیاں کیسے کُھلی چھوڑ سکتا تھا!

ڈبّو نے پھر بھی ہمّت نہ ہاری اور اپنی دوستوں سے کہا کہ اس گھر والے اپنا کُوڑا پلاسٹک کے ایک بڑے سے ڈِبّے میں باہر کی طرف رکھتے ہیں۔ کیوں نہ اس ڈِبّے کو چل کر دیکھیں۔ وہ سب فوراً تیار ہو گئیں۔ اب جو وہ پلاسٹک کے ڈِبّے کے پاس پہنچیں تو اُسے بھی بند پایا اور اس کے ڈھکنے کے اُوپر برف کی موٹی سی تہہ جمی ہوئی تھی۔ ڈھکنے کو ہٹانے کی کوئی صورت ہی نظر نہیں آ رہی تھی۔ اِتنے میں ڈبّو کو ایک ترکیب سوجھی کہ کیوں نہ وہ سب مل کر اس ڈِبّے کے ایک کونے کو دانتوں سے کاٹنے کی کوشش کریں۔ تھوڑا سا سوراخ تو بن ہی سکتا ہے۔ چنانچہ ان سب نے مل کر اپنی پوری طاقت سے پلاسٹک کے اِس ڈِبّے کو دانتوں سے کاٹنا شروع کر دیا۔ ابھی کچھ ہی دیر پہلے باہر کی سخت سردی اور برف کے طوفان کی وجہ سے ان سب کے ہاتھ پاؤں کپکپا رہے تھے لیکن اب اس محنت کی وجہ سے ان سب کو پسینہ آنے لگا تھا۔ وہ سب اور تیزی سے ڈِبّے کو کُترنے لگیں۔ تھوڑی ہی دیر گزری تھی کہ پلاسٹک کے اس ڈِبّے میں چھوٹا سا سوراخ ہو گیا۔ کچھ اور زور سے دانت مارے تو یہ سوراخ اور بڑا ہو گیا۔ اور پھر اچانک وہ سب خوشی کے مارے اُچھل

پڑیں کیونکہ پلاسٹک کا وہ ڈِبّہ جسے وہ سب کوڑے کا ڈِبّہ سمجھ رہی تھیں وہ تو صاف سُتھرے بیجوں سے بھرا پڑا تھا۔ ڈِبّے کا سوراخ بڑا ہونے کی وجہ سے بیج دھڑا دھڑ زمین پر گرنے لگے ایسا لگتا تھا جیسے بیجوں کی بارش ہونے لگی ہے۔ بس پھر کیا تھا ڈبّو اور اس کی سہیلیوں نے اپنی ضرورت کے مطابق بیج جمع کر لیے اور ان سب کا سردیوں کا سارا موسم بڑے اطمینان اور آرام سے گزر گیا۔

سوالات :

۱- ڈبّو گلہری پریشان کیوں تھی؟

۲- گودام میں ڈبو نے کیا دیکھا؟

۳- سب گلہریوں نے کھانا کیسے تلاش کیا؟

۴- کیا ڈبّو اکیلی کھانا ڈھونڈ سکتی تھی ؟

قواعد : ماضی بعید

گئی تھی، جمی تھی، گزری تھی، کُھلا تھا، بھرا تھا

صُبح کی آمد

خَبر دِن کے آنے کی میں لا رہی ہوں
اُجالا زمانے میں پھیلا رہی ہوں
بہار اپنی مشرِق سے دِکھلا رہی ہوں
پُکارے گلے صاف چِلّا رہی ہوں
اُٹھو سونے والو کہ میں آ رہی ہوں

اُذاں پر اُذاں مُرغ دینے لگا ہے
خوشی سے ہر اِک جانور بولتا ہے
درختوں کے اُوپر عجب چہچہا ہے
سہانا ہے وقت اور ٹھنڈی ہوا ہے
اُٹھو سونے والو کہ میں آ رہی ہوں

یہ چڑیاں جو پیڑوں پہ ہیں غُل مچاتی
اِدھر سے اُدھر اُڑ کے ہیں آتی جاتی
دُموں کو ہلاتی پَروں کو پُھلاتی
مری آمد آمد کے ہیں گیت گاتی
اُٹھو سونے والو کہ میں آ رہی ہوں

سوالات :

۱۔ سورج کِدھر سے نکلتا ہے؟

۲۔ آپ صُبح کتنے بجے اُٹھتے ہیں؟

۳۔ صُبح اُٹھ کر سب سے پہلے آپ کیا کرتے ہیں؟

۴۔ آپ ناشتہ کتنے بجے کرتے ہیں؟

۵۔ اس نظم میں صُبح کی کِن کِن چیزوں کا ذکر ہے؟

قواعد : فعل حال جاریہ

لا رہی ہوں، پھیلا رہی ہوں، دکھلا رہی ہوں

سیب اور پیٹھے

نائلہ کو یقین نہیں آ رہا تھا کہ وہ جس دِن کا بے چینی سے اِنتظار کر ہی تھی وہ آن ہی پہنچا۔ آج وہ اپنے گھر والوں کے ساتھ ایک فارم میں سیب اور پیٹھے توڑنے جا رہی تھی۔ نائلہ اس بات پر بھی خوش تھی کہ اس کی چچازاد بہنیں صائمہ اور زرّین جو کچھ دن پہلے پاکستان سے آئی تھیں وہ بھی اس کے ساتھ جا رہی تھیں۔

نائلہ کا بڑا بھائی کریم جانے کی تیّاری کرنے میں بہت مدد کر رہا تھا' جب تیاری مکمّل ہو گئی تو وہ سب لوگ فارم کی طرف روانہ ہو گئے۔ وہاں پہنچنے پر جوزف باغبان نے انہیں پھلوں کے لیے خالی ٹوکریاں دیں اور ان کا باغ میں آنے کا شکریہ ادا کیا۔

خزاں کا موسم تھا' ٹھنڈی ہوا چل رہی تھی۔ آج دھوپ بھی خوب تھی مگر جلد ہی سب بچوں کے گال خُنکی سے گلابی ہونے لگے۔ اس باغ میں پیلے اور سُرخ دو قسم کے سیب تھے۔ پہلے وہ پِیلے سیبوں کے باغ میں رُکے۔ بچّے سیبوں کے درختوں کی

طرف بھاگے۔ درخت سیبوں سے لدے ہوئے تھے اور سیبوں کے بوجھ سے ٹہنیاں بہت نیچی ہو گئی تھیں۔ اُنہوں نے جلدی جلدی سیب توڑے اور کھانے شروع کر دیئے۔ زرّین نے ایک بڑے پیلے سیب کو کھاتے ہوئے کہا "او ہو! یہ کتنا نرم اور میٹھا ہے"

نائلہ کی امّی اور نانی اماں بھی سیب توڑ توڑ کر ٹوکری میں بھر رہی تھیں۔ ابّو سب کو ایک لمبی لکڑی کے سرے پر ٹوکری باندھ کر اُونچی شاخوں پر سے سیب توڑنے کی ترکیب سکھا رہے تھے۔ مگر کریم کے خیال میں درخت کے اُوپر چڑھ کر سیب توڑنے کا مزہ کچھ اور تھا۔ کریم جھٹ سے ایک درخت کے اُوپر چڑھ گیا اور صائمہ اور زرّین جو اس درخت کے نزدیک تھیں ان سے کہنے لگا کہ اُوپر بہت اچھّے اچھّے اور بڑے بڑے سیب ہیں۔ ابھی وہ یہ کہہ ہی رہا تھا کہ اس کا پاؤں پھسلا اور وہ نیچے آن گرا۔ سبھی اس کے ارد گرد جمع ہو گئے مگر کریم جھٹ سے اُٹھ کھڑا ہوا اپنے کپڑے جھاڑنے لگا اور ساتھ ہی کہنے لگا کہ "میں بالکل ٹھیک ہوں۔ میری فکر نہ کریں"۔ صائمہ اور زرّین کی وجہ سے وہ کھسیانا ہو رہا تھا۔ سب نے شُکر ادا کیا کہ کریم کو چوٹ نہیں لگی۔

اِتنے میں جوزف باغبان اپنی پرانی گھوڑا گاڑی لے آیا۔ اس نے پیلے سیبوں کی ٹوکری گاڑی میں رکھی۔ سب کو گاڑی میں بٹھایا اور سُرخ سیبوں کے باغ میں لے آیا۔ یہ باغ پیلے سیبوں کے باغ سے بھی بڑا تھا۔ دھوپ میں سُرخ سیب درختوں پر بہت خوبصورت لگ رہے تھے۔ بچّوں کو سُرخ سیب زیادہ پسند تھے، اُنہوں نے دو ٹوکریاں اپنے پسند کے سیبوں سے بھرلیں۔

"کھانے کا وقت ہو گیا" نائلہ کی امّی نے سب کو آواز دی۔ ایک ایک کر کے سب بچّے اُن کی طرف بھاگے۔ دری زمین پر بچھی ہوئی تھی مگر بچّوں نے ٹھنڈی ٹھنڈی گھاس پر بیٹھنا پسند کیا۔ وہ آلو بھرے پراٹھے اور کباب کے سینڈوچ (sandwich) خوب مزے لے لے کر کھا رہے تھے اور ساتھ سیب کا تازہ رس پی رہے تھے۔

کھانے کے بعد سب پیٹھوں کے کھیت میں جانے کے لیے تیّار تھے۔ وہ یہاں سے دُور نہ تھا۔ جب وہاں پہنچے تو دیکھا کہ چھوٹے بڑے نارنجی رنگ کے پیٹھے کھیت میں ہر طرف پھیلے ہیں۔ بچّوں نے اِس سے پہلے کبھی اِتنے بہت سارے پیٹھے ایک جگہ نہیں دیکھے تھے۔ وہ سب اس کھیت میں خوب بھاگ دوڑ رہے تھے۔ نائلہ، صائمہ اور زرّین بڑے بڑے پیٹھوں پر چڑھ کر گھوڑے کی سواری کر رہی تھیں۔ کریم نے ایک چھوٹا سا، سوکھا ہوا پیٹھا اپنے سر پر ٹوپی کی طرح رکھ لیا۔ اُسے دیکھ کر لڑکیاں تالیاں بجانے لگیں

اِتنے میں جوزف باغبان گھوڑا گاڑی لے کر دوبارہ آ گیا۔ اُس نے سرخ سیبوں کی دونوں ٹوکریاں اور کئی ایک چھوٹے بڑے پیٹھے گاڑی میں رکھ لیے اور ان سب کو بٹھا کر پھاٹک تک لے آیا۔ پھاٹک پر پہنچ کر ابّو نے سیبوں اور پیٹھوں کی قیمت ادا کی۔ صائمہ، زرّین اور کریم نے شکر چڑھے سیب خریدے مگر نائلہ نے کچھ نہ خریدا، اُسے معلوم تھا گھر پہنچنے پر نانی کی بنائی ہوئی پائی (pie) کھانے کو ملے گی۔

گھر پہنچنے تک شام ہو چکی تھی۔ بچّوں کے لیے ابّو جیک اولینٹرن (jack-o'- lantern) بنانے کے لیے تیّار تھے۔ سب بچّوں نے اپنے اپنے پیٹھوں پر شکلیں بنائیں۔ ابّو نے ایک نوک دار تیز چاقو سے پیٹھے کے اُوپر کا حصہ احتیاط سے کاٹ کر اتارا۔ نائلہ اور کریم نے پیٹھے کا گودا اور بیج چمچے سے اچھی طرح باہر نکالے۔ پھر ابّو نے چاقو کی نوک سے ناک، آنکھیں اور منہ کاٹ کر بنائے۔ اس کے بعد سب بچّوں نے اپنے اپنے "جیک اولینٹرن" میں موم بتیاں جلائیں اور ان کو باہر اندھیرے میں لے جا کر رکھ دیا۔

اتنے میں نانی امّاں کی آواز آئی کہ پائی تیار ہے۔ سب نے ان کی بنائی ہوئی مزیدار پائی خوب پیٹ بھر کر کھائی اور خدا کا شُکر ادا کیا۔

صائمہ اور زرّین سب کا شکریہ ادا کر رہی تھیں اور کہہ رہی تھیں کہ کینیڈا میں خزاں کے اس پُر لطف دن کو کبھی نہیں بھولیں گی اور واپس پاکستان جا کر اس کے بارے میں اپنی سب دوستوں کو بتائیں گی۔

سوالات :

۱۔ نائلہ اور اس کے گھر والے کہاں گئے تھے؟

۲۔ فارم میں کس کس رنگ کے سیبوں کے باغ تھے؟

۳۔ کریم نے کس طرح سیب توڑنے کی کوشش کی؟

۴۔ پیٹھوں کے کھیت میں بچّوں نے کیا کیا؟

۵۔ گھر پہنچنے پر بچّوں نے ابّو کے ساتھ مل کر کیا کیا؟

قواعد : فعل ماضی جاریہ

کہہ رہا تھا، لگ رہے تھے، پی رہے تھے، کر رہی تھیں

کوّے اور سارس کی کہانی

ایک کوّے اور سارس کی دوستی ہو گئی۔ کوّا ایک پیڑ پر رہتا تھا۔ اور سارس پاس ہی ایک جھیل کے کنارے رہتا تھا۔ دونوں کو یہ جگہ بہت پسند تھی۔ وہ دونوں یہاں سے کہیں اور نہیں جانا چاہتے تھے۔ اِس لیے دونوں نے سوچا کہ مل کر ایک گھر بنائیں جس میں وہ دونوں ساتھ رہ سکیں۔ کوّے نے کہا ہمارا گھر پیڑ پر ہونا چاہیئے۔ لیکن سارس پیڑ پر نہیں رہنا چاہتا تھا۔ وہ کہنے لگا "میں تو جھیل کے کنارے گھر بنانا چاہتا ہوں۔ پھر اُنھوں نے یہ فیصلہ کیا کہ دونوں مل کر ایک کے بجائے دو گھر بنا لیں۔ کوّے کا گھر پیڑ پر ہو اور سارس کا گھر جھیل کے کنارے پر ہو۔

ایک دن صبح صبح سارس کوّے کے پاس آیا اور بولا "کوّے! کوّے! چلو گھر کے لیے لکڑیاں جمع کرنی شروع کرتے ہیں"۔ یہ سُن کر کوّا ایک ڈالی سے اُڑ کر دوسری ڈالی پر جا بیٹھا اور بولا

چل چل رے سارو میں آتا ہوں۔ دانہ دُنکا چُگتا ہوں

چڑیوں سے باتیں کرتا ہوں۔ کائیں کائیں کرتا ہوں

پیچھے پیچھے آتا ہوں

سارس چُپ چاپ چلا گیا اور لکڑیاں اکٹھی کرتا رہا۔ جب کافی لکڑیاں اکٹھی کر چکا تو پھر کوّے کے پاس آیا اور بولا "چلو! چل کر گھاس اور تنکے جمع کرتے ہیں"۔ کوّا دانہ چُگتا رہا اور کچھ نہ بولا۔ سارس کوّے کے قریب آیا اور پھر بولا "چلو نا! آج گھاس اور تنکے لاتے ہیں" کوّا سارس کی بات سُنی اَن سُنی کر کے بولا۔

چل چل رے سارو میں آتا ہوں۔ دانہ دُنکا چُگتا ہوں

چڑیوں سے باتیں کرتا ہوں۔ کائیں کائیں کرتا ہوں

پیچھے پیچھے آتا ہوں

سارس چلا گیا۔ گھاس اور تِنکے اکٹھے کرتا رہا۔ جب بہت ساری گھاس اور تِنکے جمع ہو گئے تو ایک بار پھر وہ کوّے کے پاس آیا اور اُسے بتایا کہ اب کافی سامان جمع ہو چکا ہے۔ بس اینٹیں لانی باقی ہیں۔ کیوں نہ مل کر اینٹیں لائیں۔ لیکن کوّے نے پھر وہی گانا شروع کر دیا۔

چل چل رے سارو میں آتا ہوں۔ دانہ دُنکا چُگتا ہوں

چڑیوں سے باتیں کرتا ہوں۔ کائیں کائیں کرتا ہوں

پیچھے پیچھے آتا ہوں

یہ گانا سن کر سارس چلا گیا اور اینٹیں جمع کرنے لگا۔ کافی دن گزر گئے۔ سارس کے پاس اب لکڑیاں بھی تھیں۔ گھاس اور تنکے بھی تھے۔ محنت سے اُس نے اینٹیں اور پتّھر بھی اکٹھے کر لیے۔ بس اب گھر بنانا باقی تھا۔ سارس ایک بار پھر کوّے کے پاس گیا اور بولا'

کوّے رے کوّے! سب سامان اکٹھّا ہو چکا ہے۔ اب تو میرے ساتھ چلو اور گھر بنانا شروع کرو۔ کوّا اُڑ کر دوسری ڈالی پر جا بیٹھا اور گانے لگا۔

چل چل رے سارو میں آتا ہوں۔ دانہ دُنکا چُگتا ہوں
چڑیوں سے باتیں کرتا ہوں۔ کائیں کائیں کرتا ہوں
پیچھے پیچھے آتا ہوں

اس بار سارس کو بہت غصّہ آیا۔ اب اس نے پکّا ارادہ کر لیا کہ وہ کوّے کے پاس ہرگز نہیں جائے گا۔ اکیلے ہی خود اپنا گھر بنائے گا۔ سارس دن رات محنت کرتا رہا آخر کار اُس نے اپنا گھر بنا ہی لیا۔

سردی کا موسم شروع ہونے والا تھا۔ اُس نے اپنے کھانے کے لیے بہت ساری چیزیں جمع کر لیں اور آرام سے اپنے گھر میں رہنے لگا۔ ایک دن صبح صبح دروازے پر دستک ہوئی۔ سارس نے پوچھا کون ہے؟ کوّے کی آواز آئی "سارو میں ہوں تمہارا دوست۔ چلو میرے ساتھ چل کر گھاس اور تِنکے جمع کروا دو۔ میں بھی اپنا گھر بنا لوں" سارس نے کوئی جواب نہ دیا۔ چُپ چاپ ناشتہ کرتا رہا۔ تھوڑی دیر کے بعد پھر دستک ہوئی اور آواز آئی۔ "سارو چلو نا! چل کے تِنکے جمع کرتے ہیں۔" سارس ناشتہ کرتا رہا اور بولا۔

چل چل رے کوّے میں آتا ہوں۔ مینڈک مچھلی کھاتا ہوں
کوّے سے باتیں کرتا ہوں۔ قیں قیں قیں قیں کرتا ہوں
پیچھے پیچھے آتا ہوں

کوّا سارس کا یہ جواب سن کر چُپ چاپ چلا گیا۔ اب کوّے کو اِس بات کا احساس ہوا کہ اُس نے سارس کی مدد نہ کر کے بڑی غلطی کی۔ کوّے نے سوچا کہ کوشش کر کے وہ خود اپنا گھر بنالے گا۔ آس پاس اُڑ کر جاتا اور تِنکے جمع کرتا۔ سردی بڑھ رہی تھی۔ گھاس اور تِنکے کم ہوتے جا رہے تھے۔ اس کو دُور دُور جانا پڑتا۔ ایک تو سردی کی شدّت کی وجہ سے وہ جلدی لَوٹ آتا۔ دوسرے وہ کائیں کائیں کرنے سے بھی باز نہ آتا۔ بڑی مشکل سے جو گھاس اور تِنکے چونچ میں پکڑتا وہ اُس کی کائیں کائیں کرتے ہی ہوا میں بِکھر جاتے۔

کوّے کا جی چاہا کہ ایک بار پھر سارس کی مدد مانگے مگر ہمّت نہ پڑی۔ سردی کی وجہ سے اُس کی آواز بھی اب کم ہی نکلتی۔ ایک صبح سردی بہت بڑھ گئی اور کوّا اُڑ بھی نہ سکا۔ وہ آنکھیں بند کئے پیڑ پر بیٹھا سردی سے کانپ رہا تھا تو اُسے نیچے کسی کے چلنے کی آواز آئی۔ اُس نے آنکھیں کھولیں تو دیکھا کہ سارس اپنی چونچ میں بہت سارے تِنکے اور گھاس کا ایک گٹھّا لیے اُس کی طرف آ رہا تھا۔ سارس کی محبت اور دوستی کو دیکھ کر کوّا بہت شرمندہ ہوا۔ وہ دل ہی دل میں سوچنے لگا۔

اچھّے میں جہاں وہی لوگ ہیں
کے دوسروں کام جو ہیں آتے

سوالات :

۱۔ کوّا اور سارس کہاں رہتے تھے؟

۲۔ کوّے اور سارس میں کیوں لڑائی ہوئی؟

۳۔ سارس کا گھر کِس نے بنایا؟

۴۔ کوّا اپنا گھر خود کیوں نہ بنا سکا؟

۵۔ آخر میں کوّے کے کام کون آیا؟

قواعد: فعل حال

آتا ہوں، چمکتا ہوں، کرتا ہوں، کھاتا ہوں

حاضر دماغی

عمر اپنے گھر کی لائبریری میں اپنے ویڈیو (video) سے کھیل رہا تھا۔ اس کے ابّو وہیں بیٹھے کتاب پڑھ رہے تھے۔ امّی اور سارہ بازار گئی ہوئی تھیں۔ عمر کو دروازے پر گھنٹی بجنے کی آواز سنائی دی۔ اس کے بھائی جمال نے دروازہ کھولا۔ اِتنے میں زور زور سے بولنے کی آوازیں سنائی دیں اور عمر نے دیکھا کہ تین ڈاکو جمال کے ساتھ لائبریری میں گُھس آئے ہیں۔ ایک کے پاس بندوق تھی۔ دوسرا آدمی کمرے میں داخل ہوتے ہی ابّو کے قریب آیا اور چیخ کر کہنے لگا ''گھڑی اتارو''۔ ابّو نے ویسے ہی کیا۔ پھر وہ بولا ''بٹوہ نکالو''۔ ابّو نے ڈیسک میں سے اپنا بٹوہ نکال کر اس کے سامنے رکھ دیا۔ وہ بولا ''کار کی چابیاں دو''۔ ابّو نے وہ بھی اس کے سامنے رکھ دیں۔ تیسرا آدمی عمر کے پاس آکر کھڑا ہو گیا۔ عمر نے دیکھا کہ اس کے پاس بندوق نہیں ہے۔ پھر ابّو کے پاس والے آدمی نے کہا کہ ''زیور اور نقدی کہاں ہیں؟'' ابّو نے جواب دیا ''وہ اُوپر سونے کے کمرے میں ہیں۔''

وہ آدمی ابّو کو اُوپر لے گیا اور تھوڑی ہی دیر میں ایک تکیے کے غلاف میں کچھ سامان ڈالے ہوئے ابّو کے ساتھ نیچے آ گیا۔ اس دوران میں دوسرے آدمی نے جمال کو ایک کرسی پر بٹھا کر رسیوں سے باندھ دیا تھا اور ٹیلی ویژن (television) اور وی۔ سی۔ آر نکال کر دروازے کے پاس اکٹھا کر رہا تھا۔

عمر ابھی تک اپنے ویڈیو کے پاس بیٹھا تھا۔ اُسے ایک خیال آیا اور اُس نے اپنے پاس کھڑے ہوئے ڈاکو سے کہا کہ اسے غُسل خانے جانے کی ضرورت ہے۔ ڈاکو نے اُسے ڈانٹا کہ "خاموش بیٹھے رہو" مگر عمر تیزی سے اُٹھا اور چند قدم چلنے کے بعد لڑکھڑا کر دیوار کے سہارے زمین پر گر پڑا اور اپنا پاؤں پکڑ کر بلند آواز کے ساتھ رونے لگا کہ "میرا پاؤں مڑ گیا، مجھے درد ہو رہا ہے۔" ڈاکوؤں نے اس کے رونے کی فکر نہ کی اور گھر کا قیمتی سامان جمع کرنے میں لگے رہے۔ اُنہوں نے ابّو کو بھی کرسی پر بٹھا کر رسیوں سے باندھ دیا۔ اِتنے میں دروازے کی گھنٹی بجی۔ ابّو سمجھے کہ امّی اور سارہ واپس آ گئی ہیں۔ یہ سوچ کر وہ بہت پریشان ہوئے کہ نہ معلوم یہ ڈاکو ان دونوں کو کتنا تنگ کریں گے۔ گھنٹی پھر بجی۔ مگر وہ سوچنے لگے کہ امّی کے پاس تو گھر کی چابیاں ہیں، وہ گھنٹی کیوں بجا رہی ہیں۔ عمر کو دوبارہ گھنٹی بجنے پر ذرا اطمینان ہوا۔

ہوا یہ تھا کہ جب عمر نے دیکھا کہ اس کے پاس والا آدمی اپنے ساتھی کے ساتھ بات کر رہا ہے تو اُسے خیال آیا کہ گھر کے خطرے کے الارم کا بٹن دبا دے تاکہ پولیس کو خبر ہو جائے۔ پہلے عمر نے غسل خانے کا بہانہ بنایا، لیکن جب بات نہ بنی تو وہ چند قدم چل کر اس دیوار کے پاس جہاں الارم کا بٹن تھا چوٹ کا بہانہ بنا کر گر پڑا تھا۔ وہ بار بار بٹن دبا رہا تھا اس لیے اب اُسے یقین تھا کہ وہ پولیس کے آدمی ہیں جو گھنٹی بجا رہے ہیں۔

ڈاکوؤں میں سے ایک نے دروازہ کھولا۔ اُن کی باتوں کی آواز اندر تک صاف

سنائی دے رہی تھی- پولیس والے نے پوچھا "ہمارے دفتر میں الارم بجا ہے- گھر میں سب خیریت تو ہے؟" ڈاکو نے جواب دیا "یہ میرے ماموں کا گھر ہے اور سب لوگ باہر گئے ہوئے ہیں- میں نے غلطی سے بٹن دبا دیا تھا"- پولیس والے نے پوچھا کہ الارم کا کوڈ نمبر کیا ہے؟ ڈاکو مناسب جواب نہ دے سکا پولیس والے کو سامنے سامان کی گٹھڑی نظر آئی تو اسے کچھ شک ہوا- وہ اور اُسکے ساتھی ڈاکو کو دھکا دیتے ہوئے گھر کے اندر داخل ہوئے اور سب ڈاکوؤں کو پکڑ لیا- اب تک عمر بھی سامنے کے دروازے تک پہنچ چکا تھا- وہ پولیس والوں کو لائبریری میں لے گیا جہاں انہوں نے ابّو اور جمال کی رسیاں کھولیں، اور عمر نے ایک ہی سانس میں ان سب کو بتایا کہ اس نے کس طرح خطرے کا بٹن دبایا تھا-

عمر کی شرارتوں کی وجہ سے اس کو اکثر ڈانٹ پڑتی تھی مگر آج عمر کی حاضر دماغی سے سب بہت خوش تھے-

سوالات :

۱- کیا جمال کو دیکھے بغیر دروازہ کھولنا چاہیئے تھا؟

۲- دروازے پر کون لوگ تھے اور وہ کیا چاہتے تھے؟

۳- گھنٹی بجنے پر ابّو پریشان کیوں ہو گئے تھے؟

۴- ڈاکو کیسے پکڑے گئے؟

۵- عمر کو کیا خیال آیا؟

قواعد : واحد اور جمع

چابی، دروازے، کُرسی، رسیاں

جب امّی غسل خانے میں بند ہوئیں

صبا اپنی چھوٹی بہن ماریا کے ساتھ ٹیلی ویژن پر اپنا پسندیدہ پروگرام دیکھ رہی تھی اور امی غُسل خانے میں نہا رہی تھیں۔ ماریا کچھ دیر تو خاموشی کے ساتھ ٹیلی ویژن دیکھتی رہی مگر جلد ہی اس کا جی اُچاٹ ہو گیا۔ پہلے تو وہ صبا کو تنگ کرنے لگی پھر غُسل خانے کے دروازے کے پاس جا کر امّی کو آوازیں دینے لگی اور دروازے کے دستے سے کھیلنے لگی۔

نہانے کے بعد امّی نے جب دروازہ کھولنا چاہا تو وہ نہ کُھلا۔ امّی نے صبا کو آواز دی "صبا! دروازہ باہر سے کھول دو"۔ صبا بھاگی بھاگی آئی۔ دروازے کا دستہ گھمایا لیکن دروازہ نہ کُھلا۔ "امّی یہ دستہ تو بالکل نہیں گُھومتا" صبا بولی۔

"اچھّا بیٹی! تم دستہ چھوڑ دو میں اندر سے کوشش کرتی ہوں"۔ یہ کہہ کر امّی نے پھر اندر سے دروازہ کھولنے کی کوشش کی لیکن دستہ اپنی جگہ سے نہ ہلا۔

اُدھر صبا اور ماریا دونوں نے شور مچانا شروع کر دیا۔ "امّی! جلدی آیئے۔ جلدی باہر

آ جائے۔ امّی اب آپ باہر کیسے آئیں گی؟" دونوں بچّیاں پریشان تھیں۔ امّی نے تسلی دینے کی کوشش کی۔ "بیٹیو! گھبراؤ مت' میں ابھی دروازہ کھول لوں گی۔" صبا ماریا کو چُپ کرانے کی کوشش کرتی مگر وہ اور زیادہ رونے لگتی۔ دونوں بہنوں کو بہت بھوک بھی لگ رہی تھی۔

امّی نے غُسل خانے کی کھڑکی کی جالی ہٹائی اور سر باہر نکال کر دیکھا کہ شاید کوئی نظر آ جائے تو مدد کو بلائیں۔ امّی نے کئی آوازیں بھی لگائیں لیکن ساتویں منزل سے نیچے تک آواز کیسے پہنچتی؟

امّی نے پھر صبا کو آواز دی اور کہا کہ وہ باہر سے پھر کوشش کرے لیکن کوئی کامیابی نہ ہوئی۔ دستہ گھُماتے گھُماتے صبا کو کچھ خیال آیا اور وہ فون کی طرف لپکی۔ صبا نے فون پر ہنگامی نمبر (911) ملایا۔ دوسری جانب سے آپریٹر (operator) نے فون اُٹھایا تو صبا نے اس کو ساری بات بتائی اور کہا "میری امّی بہت دیر سے غُسل خانے میں بند ہیں"۔ آپریٹر نے صبا سے تفصیل معلوم کی اور اطمینان دلایا کہ گھبرانے کی کوئی بات نہیں ہے، جلد ہی وہ مدد کے لیے کسی کو بھیجتے ہیں۔ آپریٹر نے صبا کو باتوں میں مصروف رکھا کہ اِتنے میں دروازے کی گھنٹی بجنے کی آواز آئی۔ آپریٹر نے صبا سے کہا "صبا! پہلے پوچھو کہ کون ہے، پھر دروازہ کھولنا"۔

گھنٹی دوبارہ بجی اور ساتھ ہی آواز آئی "پولیس افسر" آپریٹر یہ سب کچھ سُن رہی تھی۔ اُس نے کہا "صبا! دروازہ کھول دو"۔ صبا نے آپریٹر کا شکریہ ادا کر کے ٹیلیفون بند کر دیا۔ جب اس نے دروازہ کھولا تو دیکھا کہ باہر دو پولیس افسر اور عمارت کے نگران کھڑے

ہیں۔ صبا کو دیکھ کر ایک افسر نے کہا "ہیلو' میں عاصم ہوں اور یہ میری ساتھی کیرن ہیں۔ اب بتاؤ غُسل خانہ کس طرف ہے؟"

پولیس افسر کیرن نے ماریا کو گود میں اٹھالیا اور سب صبا کے پیچھے پیچھے غُسل خانے کے دروازے تک پہنچے۔ افسر عاصم نے امّی سے کہا "آپ گھبرائیں نہیں ہم ابھی دروازہ کھول لیں گے۔" پھر وہ دروازے کے دستے کو غور سے دیکھنے لگے۔ افسر عاصم نے عمارت کے نگران سے پیچ کش لے کر دستے کے پیچ کھول دیئے۔ دستہ افسر عاصم کے ہاتھ میں آگیا۔ دوسری طرف سے امّی نے اس کا دوسرا حصہ کھینچ لیا اور دروازہ فوراً کھل گیا۔ صبا اور ماریا خوشی سے تالیاں بجانے لگیں اور دوڑ کر امّی سے لپٹ گئیں۔

امّی نے باہر آکر پولیس والوں کا بہت شکریہ ادا کیا اور ماریا کو گود میں لے لیا۔ وہ عمارت کے نگران پر بہت ناراض ہوئیں کہ اُنھوں نے دروازوں کے دستے اتنے خراب کیوں لگائے ہیں۔

عمارت کے نگران نے اُن سے بہت معافی مانگی اور دروازے کا دستہ بدلنے کا وعدہ کر کے چلے گئے۔ پولیس والوں نے صبا کی عقلمندی اور بہادری کی بہت تعریف کی اور ساتھ ہی یہ بھی کہا کہ وہ بہت خوش ہیں کہ صبا نے مدد کے لئے ہنگامی نمبر کا صحیح استعمال کیا۔

صبا نے بھی پولیس والوں کا شکریہ ادا کیا اور کہا "میں بھی بڑی ہو کر پولیس افسر بنوں گی"

سوالات :

۱- صبا اور ماریا دونوں کیا کر رہی تھیں؟

۲- امی غُسل خانے میں کیسے بند ہو گئی تھیں؟

۳- صبا نے مدد کے لیے کس کو بلایا؟

۴- دروازہ کس طرح کھلا؟

۵- کون کون لوگ ہماری مدد کرتے ہیں؟

قواعد : فعل ماضی

بڑھیں، کُھلا، لیا، ہوئی، پہنچے

اپنا گھر

ایک تھی پنگوئین[1] کی جوڑی
نام تھا ان کا باب[2] اور کیلی[3]

کیلی نے اِک روز یہ سوچا
ساحل پر یُوں کب تک رہنا

شہر کی رونق چل کر دیکھیں
اچھّے اچھّے منظر دیکھیں

1-Penguin 2-Bob 3-Kelly

اِک دن صبح سویرے نکلے
شام ہوئی تو شہر میں پہنچے

جگ مگ کرتے شہر کو دیکھا
شہر میں تھا لوگوں کا میلا

سڑکوں پر گاڑی دوڑائے
جِس کو دیکھو بھاگا جائے

وقت کسی کے پاس نہیں تھا
باب اور کیلی نے یہ سوچا

لوٹ چلیں اپنی بستی میں
کھیلیں کودیں گے مستی میں

ساحل کی گیلی مٹی پر
اپنا گھر ہے سب سے بہتر

سوالات :

۱- پنگوئین کی جوڑی کہاں رہتی تھی ؟

۲- باب اور کیلی شہر میں کب پہنچے ؟

۳- باب اور کیلی کو شہر کیسا لگا ؟

۴- شہر کے لوگ کیا کر رہے تھے ؟

۵- شہر جا کر باب اور کیلی نے کیا سوچا؟

قواعد : فعل ماضی

سوچا، نکلے، پہنچے، دیکھا

انوکھا حادثہ

دسمبر کی چھٹّیاں شروع ہونے والی تھیں۔ آمنہ اور سہیل خوش تھے کہ اب جلد ہی اپنے دوستوں رابرٹ اور مارلین کے ساتھ کاٹیج جائیں گے۔

آمنہ اور سہیل کی امّی رابعہ اور رابرٹ اور مارلین کی امّی مارگریٹ دونوں اپنے شوہروں کے بغیر اپنے بچّوں کے ساتھ رہتی تھیں۔ وہ دونوں بہت اچھی سہیلیاں تھیں۔ اکثر اپنے بچّوں کے ساتھ چھٹیاں بھی اکٹّھے گزارتی تھیں۔ اِس سال بھی اِن کا یہی ارادہ تھا کہ سردیوں کی چھٹیاں مارگریٹ کی کاٹیج پر گزاریں گی۔ چاروں بچے ہم عمر تھے اور اُنہیں برف میں کھیلنے کا شوق بھی تھا۔

کئی ہفتے پہلے سے کاٹیج جانے کی تیّاریاں شروع ہو چکی تھیں۔ سب بچّے اپنے گرم کپڑے ٹھیک کرکے رکھ رہے تھے۔ آئس اسکیٹ (ice skate) چمکائے جا رہے تھے۔ سہیل نے آمنہ سے پوچھا "کیا تم پڑھنے کے لیے کچھ کتابیں بھی لے جاؤ گی؟" "ہاں ضرور'

ہر وقت باہر ہی تو نہیں کھیلیں گے" آمنہ نے جواب دیا۔ سہیل کو بھی کتابوں سے دلچسپی تھی، مگر وہ آئس اسکیٹنگ (ice - skating) اور دوسرے کھیلوں کے بارے میں کتابیں زیادہ شوق سے پڑھتا تھا۔

ہفتے کی صبح کو رابعہ اور مارگریٹ اپنے بچّوں کے ساتھ کاٹیج کی طرف روانہ ہوئیں۔ موسم بہت اچھا تھا۔ سفید سفید برف چمکتی ہوئی بہت بھلی لگ رہی تھی۔ دو ڈھائی گھنٹے کے سفر کے بعد وہ سب کاٹیج پر پہنچ گئے۔

سب تیزی سے گاڑی سے اترے۔ بچوں نے کاٹیج کے دروازے کی برف صاف کی اور سارا سامان جلدی جلدی اندر لے جا کر رکھ دیا۔ رابعہ اور مارگریٹ کا ارادہ یہاں تقریباً دس بارہ دن رہنے کا تھا۔ کاٹیج کے بالکل نزدیک ہی ایک بڑا تالاب تھا اور وہاں سے جھیل بھی دور دور تک نظر آتی تھی۔ آج سردی زیادہ ہونے کی وجہ سے تالاب کا پانی جما ہوا تھا اور سورج کی روشنی میں شیشے کی طرح چمک رہا تھا۔

وقت بہت اچھا گزر رہا تھا۔ بچّے دن بھر باہر کھیلتے۔ کسی دن وہ تالاب پر اسکیٹنگ کے لیے نکل جاتے کبھی سنوشوئنگ (snow-shoeing) کرتے اور کبھی کاٹیج کے باہر برف کا آدمی بناتے۔ سردی لگتی تو اندر آ کر گرم گرم چاکلیٹ پی لیتے۔ جس روز باہر برف باری ہو رہی ہوتی تو برآمدے میں بیٹھ کر کہانیوں کی کتابیں پڑھتے یا دوسرے کھیل کھیلنے میں وقت گزارتے۔

ایک دن تالاب پر اسکیٹنگ کرتے کرتے چاروں بچے ذرا دُور نکل گئے۔ رابرٹ اور سہیل کو یہ اندازہ نہ ہوا کہ جس جگہ وہ اسکیٹ کر رہے تھے وہاں برف نرم تھی۔ دونوں دوست ایک دوسرے کو خوب اپنی مہارت دکھا رہے تھے۔ اچانک برف تڑتڑا کر ٹوٹ گئی اور رابرٹ کا ایک پاؤں سوراخ میں دھنس گیا۔ اُس نے بہت کوشش کی کہ اپنے آپ کو سنبھال لے مگر برف کا سوراخ بڑا ہو گیا اور وہ اس میں گر پڑا۔ یہ تالاب زیادہ گہرا نہیں تھا مگر سردی کی وجہ سے پانی بے حد ٹھنڈا تھا۔ سہیل نے دوڑ کر رابرٹ کا ہاتھ پکڑ کر اُسے اپنی طرف کھینچنے کی کوشش کی مگر کامیاب نہ ہو سکا۔ آمنہ اور مارلین نزدیک ہی

تھیں۔ سہیل نے اپنا گلوبند اُتار کر رابرٹ کی طرف پھینکا اور کہا "ایک سِرا تم پکڑ لو اور میں تمہیں دوسرے سِرے سے کھینچ لوں گا۔" رابرٹ جتنا زور لگاتا برف اور زیادہ ٹوٹتی جاتی۔ آمنہ اور مارلین گھبرائی ہوئی چیخ رہی تھیں "کوئی ہماری مدد کرو، کوئی ہماری مدد کرو" اور کاٹیج کی طرف بھاگ رہی تھیں۔

قریب ہی دو لڑکے اسکیٹنگ کر رہے تھے جن کے نام کاشِف اور ابراہیم تھے۔ اُنہوں نے جب یہ چیخ و پکار سنی تو فوراً آمنہ اور مارلین کے ساتھ حادثے کی جگہ پر پہنچے۔ وہ یہ دیکھ کر حیران ہوئے کہ رابرٹ کی مدد کرتے کرتے خود سہیل بھی تالاب میں گر چکا تھا اور دونوں ایک دوسرے کو پکڑے ہوئے تھے۔ ابراہیم اور کاشِف اسکاوٹنگ (scouting) میں رہ چکے تھے اور اُنہیں اچھی طرح تیرنا بھی آتا تھا۔ کاشِف برف پر لیٹ گیا اور ابراہیم نے اُس کی ٹانگیں مضبوطی سے پکڑ لیں۔ کاشِف نے اپنا گلوبند رابرٹ کی طرف پھینکا۔ رابرٹ نے اس گلوبند کو پکڑ لیا۔ سہیل رابرٹ کو پکڑے ہوئے تھا۔ ابراہیم نے زور لگا کر کاشِف کو اپنی طرف کھینچا۔ مگر بدقسمتی سے گلوبند کاشِف کے ہاتھ سے چُھوٹ گیا۔ اب دونوں دوست اور پریشان ہوئے اور سوچنے لگے کہ کیا کریں۔ پاس ہی درخت کی ایک شاخ پڑی تھی۔ کاشِف بھاگا اور جلدی سے اُسے اُٹھا لایا۔ اُس نے شاخ سہیل اور رابرٹ کی طرف پھینکی اور خود شاخ کو ایک طرف سے مضبوطی سے پکڑ کر برف

پر لیٹ گیا۔ ابراہیم نے کاشف کی ٹانگ پکڑ لی۔ جیسے ہی سہیل اور رابرٹ نے شاخ پکڑی، کاشِف اور ابراہیم نے زور لگایا۔ لکڑی اُن کے ہاتھوں سے پھسلی جا رہی تھی۔ اُن کے ہاتھ سردی سے نِیلے ہو رہے تھے مگر دونوں دوستوں نے ہمّت نہ ہاری اور شاخ کو اپنی طرف کھینچتے رہے۔ چونکہ یہ دونوں برف پر لیٹے ہوئے تھے، اِس لیے برف نہ ٹوٹی اور رابرٹ اور سہیل باہر آ گئے۔ ابراہیم اور کاشف سہیل اور رابرٹ کو جلدی سے اٹھا کر کاٹیج کی طرف چلنے لگے۔ یہ دونوں سردی سے کانپ رہے تھے اور اُن کے ہاتھ پاؤں سُن ہوئے جا رہے تھے۔ لڑکیاں پہلے ہی کاٹیج پہنچ چکی تھیں اور رابعہ اور مارگریٹ کو سارا واقعہ سنا چکی تھیں۔ وہ دونوں بدحواس ہو کر تالاب کی طرف بھاگیں۔ اُن کے ہمسائے کچھ کمبل اور دوائیاں لے کر ان کے ساتھ ہو لیے ابھی تھوڑی ہی دُور گئے تھے کہ اُنہوں نے کاشف اور ابراہیم کو آتے ہوا دیکھا سب نے مل کر فوراً سہیل اور رابرٹ کو کمبل میں لپیٹ لیا اور دونوں ماؤں نے کاشِف اور ابراہیم کو گلے لگا لیا۔

اگلے روز یہ واقعہ مقامی اخبار میں چھپا۔ ہر ایک کی زبان پر کاشِف اور ابراہیم کی بہادری کی کہانی تھی۔

سوالات :

۱۔ آمنہ اور سہیل دسمبر کے مہینے میں کیوں خوش تھے؟

۲۔ مارگریٹ کی کاٹیج پر بچّے دن بھر کیا کیا کرتے تھے؟

۳۔ رابرٹ تالاب میں کیسے گرا تھا؟

۴۔ ابراہیم اور کاشِف کون تھے؟

۵۔ رابرٹ اور سہیل پانی سے باہر کیسے آئے؟

قواعد : فعل ماضی

ٹوٹ گئی، اُٹھا لایا، لیٹ گیا، نِکل گئے

وہ خواب نہ تھا

ایک شام جمیل اور رِحنا ضد کرنے لگے کہ وہ ابّا سے اُن کے بچپن کا کوئی انوکھا واقعہ یا کہانی سُنے بغیر نہیں سوئیں گے۔ رِحنا ابّا کی گود میں بیٹھ گئی اور جمیل اُن کے پہلو میں دبک کر بیٹھ گیا۔ ابّا نے اپنے بچپن کا ایک واقعہ سنانا شروع کیا

بہت سال ہوئے جب میں چھوٹا تھا اور شاید تیسری کلاس میں تھا تو گرمیوں میں اپنے گھر والوں کے ساتھ پہلی بار کیمپنگ (camping) پر گیا۔ ہم نے کیمپنگ کے لیے ضرورت کی تمام چیزیں اپنے ساتھ رکھ لیں۔ اُن میں خیموں کے علاوہ دُوربین، لالٹین، ٹارچ، کوئلوں کا تھیلا، کھانے پینے کی چیزیں اور دوسرا بہت سا سامان تھا۔ اپنی ذاتی ضرورت کی چیزیں ہم نے ایک علیحدہ تھیلے میں اکٹھی کرلیں اور صبح ہی صبح کار میں بیٹھ کر سفر پر روانہ ہو گئے۔ جب ہم پارک پہنچے تو دوپہر ہو چکی تھی۔ دِن بہت خوشگوار تھا۔ تھوڑی ہی دیر میں درختوں کے بیچ میں سے جھیل نظر آنے لگی۔ پہاڑیاں ہرے بھرے

درختوں سے لدی ہوئی تھیں- یہ منظر دیکھتے ہوئے ہم اُس جگہ پہنچ گئے جہاں لوگوں نے اپنے خیمے لگائے ہوئے تھے- ہر خیمے کے ساتھ ایک پکنک کی میز تھی اور بار بیکیو (barbecue) چولھا بھی لگا ہوا تھا کچھ لوگ کھیل رہے تھے، کچھ اِدھر اُدھر چل پھر رہے تھے اور کچھ کھانے پینے میں مصروف تھے-

ہم نے سب سے پہلے اپنا نقشہ نکالا اور اُس جگہ کو تلاش کیا جہاں ہمیں اپنے خیمے لگانے تھے- وہاں پہنچ کر ہم نے فوراً دونوں خیمے لگائے ایک امّاں اور ابّا کے لیے اور دوسرا ہم دونوں بھائیوں کے لیے- پھر ہم نے اپنی چیزیں خیموں کے اندر رکھیں- اِسی بھاگ دوڑ میں شام ہو گئی- اور ہم سب کو سخت بھوک لگنے لگی- ہم نے کھانے پینے کی تیّاری شروع کی- بھیّا نے بار بیکیو میں کوئلے ڈال کر آگ تیار کی- امّاں نے جلدی جلدی سلاد بنایا اور ابّا نے بار بیکیو پر برگر تیار کیے- کھانے کے بعد ہم لوگ آگ کے پاس بیٹھ کر بہت دیر تک باتیں کرتے رہے- امّاں اور ابّا نے بڑی اچھی اچھی کہانیاں سنائیں اور ہم لوگوں نے گانے بھی گائے-

اب اندھیرا ہو چلا تھا اور ہم سب تھک بھی چکے تھے- اِس لیے ہم لوگ اپنے اپنے خیموں میں سونے کے لیے چلے گئے- نئی جگہ تھی میں لیٹ تو گیا مگر مجھے جلدی نیند نہ آئی- ہر طرف خاموشی تھی البتہ کبھی کبھار کسی جنگلی جانور کی آواز ضرور آ جاتی تھی- تھوڑی تھوڑی دیر کے بعد پتّوں کی سُرسُراہٹ بھی سنائی دیتی تھی-

یہ آوازیں سُنتے سُنتے آخر میں سو گیا- ابھی مجھے سوئے ہوئے تھوڑی ہی دیر ہوئی تھی کہ اچانک میری آنکھ کُھل گئی- مجھے یُوں لگا جیسے کوئی باہر سے میرے خیمے کو اپنے ناخنوں سے زور زور سے کُھرچ رہا ہے- میرا دل زور زور سے دھڑکنے لگا لیکن میں اپنی جگہ پر بالکل خاموش لیٹا رہا- کچھ دیر بعد میرے خیمے کا پردہ ایک جگہ سے پھٹ گیا اور اس

میں سے ایک کالی سی شکل نظر آنے لگی۔ ٹارچ میرے سرہانے رکھی تھی میں نے فوراً اُسے اُٹھا کر جلایا۔ کیا دیکھتا ہوں کہ جس جگہ خیمے کا پردہ پھٹ گیا تھا وہاں سے ایک بھالو کی دو چمکدار آنکھیں اور تھوتھنی نظر آ رہی ہے۔ روشنی پڑتے ہی بھالو کا چہرہ غائب ہو گیا۔ میں خوف کے مارے کانپنے لگا مگر ہلا نہیں کہ کہیں بھالو ہمارے اُوپر حملہ نہ کر دے۔ کچھ دیر تک مجھے باہر سے چیزوں کے ٹوٹنے پھوٹنے کی آوازیں آتی رہیں اور پھر ایک دم سے خاموشی ہو گئی۔ آخر میں نے ہمّت کر کے بھیّا کو جگایا اور خود بھالو' بھالو' چلّاتا ہوا ابّا کے خیمے کی طرف بھاگا۔

امّاں اور ابّا میری چیخیں سُن کر پریشانی کے عالم میں باہر نکلے۔ ابّا نے فوراً مجھے گلے لگایا اور پوچھا "کیا تم نے کوئی خواب دیکھا ہے؟" میں نے کہا "نہیں ابّا! ہمارے خیمے میں ایک بھالو گھسنے کی کوشش کر رہا تھا۔ میں نے خود اس کی چمکتی ہوئی آنکھیں اور تھوتھنی دیکھی تھی۔"

جب ہم نے اِدھر اُدھر نظر دوڑائی تو دیکھا کہ کوڑے کا ڈبّہ اُلٹا پڑا ہے اور ہماری کھانے کی ٹوکری بھی زمین پر خالی گری ہوئی ہے۔ ابّا نے کہا "ہم لوگ رات کھانے کی ٹوکری باہر ہی چھوڑ آئے تھے۔" اِتنے میں امّاں بولیں "ارے، اِدھر تو دیکھو! یہ پنجوں کے نشان کیسے ہیں"؟ ہم سب لپک کر امّاں کی طرف دوڑے اور اِن نشانوں کو غور سے دیکھنے لگے۔ وہ واقعی بھالو کے پنجوں ہی کے نشان تھے۔ یہ ایسا واقعہ ہے جو مجھے ابھی تک یاد ہے۔
رِحنا اور جمیل دونوں ابّا کے ساتھ لِپٹ گئے اور بولے "ابّا آپ کتنے بہادر ہیں۔"

سوالات :

۱۔ کیمپنگ کے لیے کِن چیزوں کی ضرورت ہوتی ہے؟

۲۔ جمیل کے آبا کو رات کو نیند کیوں نہیں آئی تھی؟

۳۔ ٹارچ کی روشنی میں اُنہیں کیا نظر آیا تھا؟

۴۔ سب لوگوں کو کیسے یقین ہو گیا کہ رات میں بھالو ہی آیا تھا؟

قواعد : مذکّر مؤنّث

میری آنکھ (لگ گئی)۔ آگ (تیار کی)۔ نقشہ (نکالا)۔ کھانا (کھایا)۔ ٹوکری (خالی تھی)

آؤ کھیل جمائیں

آؤ آؤ کھیل جمائیں
کھیل جمائیں ہاتھ ملائیں

ہاتھ ملائیں گھیرا باندھیں
گھیرا باندھیں کُودیں پھاندیں

کودیں پھاندیں چکّر کھائیں
چکّر کھائیں دائیں بائیں

دائیں بائیں آئیں جائیں
آئیں جائیں گانا گائیں

گانا گائیں جی بہلائیں
جی بہلائیں خوش ہو جائیں

خوش ہو جائیں دِل سے کھیلیں
دِل سے کھیلیں رِل کر کھیلیں

رِل کر کھیلیں ہو نہ لڑائی
ہو نہ لڑائی پیارے بھائی

پیارے بھائی، کھیل چکیں جب
کھیل چکیں جب، خوب پڑھیں تب

آؤ آؤ کھیل جمائیں
ہاتھ ملائیں چکر کھائیں

سوالات :

۱۔ اس نظم میں کن کھیلوں کا ذکر ہے ؟

۲۔ یہ کھیل کن موقعوں پر کھیلے جا سکتے ہیں ؟

۳۔ ان کھیلوں سے کیا فائدہ ہو سکتا ہے ؟

۴۔ کھیلنے کے بعد بچّوں کا کیا کرنے کا ارادہ ہے ؟

قواعد : فعل مضارع

جمائیں، ملائیں، باندھیں، گائیں، کھیلیں

ہوم رَن

جیسے ہی چھٹّی کی گھنٹی بجی' نادر نے اپنا بستہ اُٹھایا اور اپنی گیند اور بلّے کے ساتھ کمرے سے نکلنے ہی والا تھا کہ اُس کے اُستاد نے کہا "نادر! ابھی تمہیں اپنا انگریزی کا کام مکمّل کرنا ہے۔"

نادر آج دن بھر بیس بال (baseball) کے مقابلے کے بارے میں سوچتا رہا۔ اُس کو اس کھیل میں حصّہ نہ ملنے کا بہت افسوس تھا لیکن اُس کو یہ خوشی بھی تھی کہ اس کی ٹیم آخری مقابلے میں حصّہ لے رہی ہے۔ آج کل اِسی وجہ سے اُس کا دل پڑھائی میں نہیں لگ رہا تھا۔ اُستاد کے کہنے پر وہ بڑی بے دلی سے میز پر بیٹھ گیا۔ جلدی سے کام ختم کر کے کھیل کے میدان کی طرف دوڑا۔

گیند اور بلّا لیے ہوئے نادر جب کھیل کے میدان میں داخل ہوا تو وہاں تِل دھرنے کی جگہ نہ تھی۔ بیٹھے تو کہاں بیٹھے۔ سامنے ہی ایک بینچ پر نظر پڑی جہاں دونوں ٹیموں کے

زائد کِھلاڑی بیٹھے ہوئے تھے۔ نادر چُپ چاپ جا کر اُن کے ساتھ بیٹھ گیا اور کھیل دیکھنے لگا۔

کھیل بڑے زور شور سے جاری تھا۔ اُس وقت نادر کی ٹیم بلّے بازی کر رہی تھی اور مخالف ٹیم کا کِھلاڑی گیند پھینک رہا تھا۔ مقابلہ سخت تھا۔ نادر کا دوست رابرٹ ہاتھ میں بلّا لیے گیند کا انتظار کر رہا تھا۔ نادر نے زور سے آواز لگائی "شاباش' رابرٹ! زور سے بلّا گُھماؤ۔ شاباش' جانے مت دینا' شاباش" رابرٹ کی ہِمّت بڑھانے کے لیے مجمع میں سے اور بھی لوگ نادر کے ساتھ شامل ہو گئے۔ مخالف کِھلاڑی نے اپنا بازو گُھمایا اور گیند اُس کے ہاتھ سے نِکلی۔ نادر جوش سے کھڑا ہو گیا اور اپنی پوری طاقت سے چِلّانے لگا "شاباش' رابرٹ! شاباش"۔ رابرٹ نے بلّا اُٹھایا اور زور سے گُھما کر گیند کو مارا اور خود بلّے کو ایک طرف پھینک کر اگلی بیس کی طرف دوڑا۔ مجمع چِلّایا "تیز، رابرٹ! تیز"۔

لیکن پہلی بیس پر پہنچنے سے پہلے ہی وہ چکرا کر گر پڑا۔ اچانک مجمع خاموش ہو گیا اور کھیل رُک گیا۔ رابرٹ درد سے چِلّا رہا تھا۔ غالباً اُس کی ٹانگ کی ہڈی ٹوٹ گئی تھی۔ سارے کھلاڑی اس کے اِردگِرد جمع ہو گئے۔ نادر بھی دوڑ کر اُن کِھلاڑیوں میں شامل ہو گیا۔ فوراً ہی کوچ (coach) نے رابرٹ کو مددگاروں کے حوالے کیا جو اسے ایمبولینس (ambulance) میں ڈال کر ہسپتال لے گئے۔

کوچ نے سیٹی بجائی تاکہ کھیل پھر سے جاری ہو سکے۔ دونوں ٹیموں کے کھلاڑی اپنی اپنی جگہ سنبھالنے لگے۔ رابرٹ اپنی ٹیم کا آخری کھلاڑی تھا۔ کوچ پریشان ہو کر اِدھر اُدھر زائد کِھلاڑیوں کو تلاش کر رہا تھا۔ لیکن اُسے کوئی کِھلاڑی نظر نہ آیا۔ کسی وجہ سے ٹیم کے زائد کِھلاڑی نہ پہنچ سکے تھے۔

اچانک کوچ کی نظر نادر پر پڑی جو اپنی گیند اور بلّا لیے واپس آ کر بینچ پر بیٹھ چکا تھا۔

کوچ جانتا تھا کہ نادر بیس بال کا بہت اچھا کھلاڑی ہے اُس نے اِشارے سے نادر کو اپنی طرف بُلایا اور پوچھا "کیا تم بلّے بازی کرو گے؟" یہ تو اُس کی بہت بڑی خواہش تھی۔ لوگ شور مچا رہے تھے۔ وقت کم تھا۔ کوچ نے نادر کو کچھ ہدایات دیں۔ اس کا حوصلہ بڑھایا۔ بیس بال کی ٹوپی اور جرسی پہنائی اور میدان میں بھیج دیا۔

نادر کا دل زور زور سے دھڑک رہا تھا۔ اس کے دوستوں نے اُس کو دیکھ کر شور مچانا شروع کر دیا۔ مقابلہ سخت تھا۔ مخالف ٹیم کا سب سے اچھا گیند پھینکنے والا کھلاڑی اُس کا انتظار کر رہا تھا۔ اُس نے گیند کو دستانے سے پکڑا، ہاتھ اُٹھایا اور ایسے گُھما کر گیند پھینکی کہ نادر کے بلّے کو چھوئے بغیر پیچھے بیٹھے ہوئے کھلاڑی کے ہاتھ میں آ گئی۔ نادر کا بلّا ہوا میں گھوم کر رہ گیا۔ مخالف ٹیم والوں نے خوب واہ واہ کی اور اپنے کھلاڑی کو خوب داد دی۔

نادر پریشان ہو گیا۔ بلّے بازی کی صرف دو باریاں باقی تھیں۔ جب نادر اپنی جگہ پر واپس آیا تو اُس کے اسکول والوں نے اُس کا خوب حوصلہ بڑھایا۔ خوب شور مچایا "شاباش، نادر! تم کر سکتے ہو، شاباش۔ ڈرو مت، زور سے لگانا"۔ نادر نے بلّا اُٹھایا پیار سے اسے چوما اور گیند کو مار کر بھاگا۔ ابھی پہلی بیس تک بھی نہ پہنچا تھا کہ کوچ کی سیٹی نے اُسے روک دیا۔ گیند لائن سے باہر جا گری تھی۔

نادر آہستہ آہستہ چلتا ہوا واپس اپنی جگہ پر آ گیا- بلّے بازی کی آخری باری تھی- اور ابھی تک نادر کچھ نہ کر سکا تھا- نادر نے سوچا کہ اگر اس بار بھی میں اچھی بلّے بازی نہ کر سکا تو ہم ہار جائیں گے- لوگ شور مچا رہے تھے- دوست چِلّا رہے تھے، "نادر، نادر، شاباش- تم اچّھے کھلاڑی ہو، موقع ہاتھ سے مت جانے دو، شاباش، نادر، شاباش-" یہ آوازیں سنتے ہوئے اُس نے آسمان کی طرف دیکھ کر دل ہی دل میں دعا مانگی- بلّے کو پھر پیار سے چوما- اِشارہ ملتے ہی مُخالِف کِھلاڑی نے بازو گُھمایا- گیند اُس کے ہاتھ سے نکلی- نادر نے بلّا اُٹھایا، پوری طاقت سے گیند کو مارا اور بلّے کو ایک طرف پھینک کر بھاگنا شروع کر دیا- ہر طرف سے "ہوم رن، ہوم رن" کی آوازیں آنے لگیں- پھر اِس قدر شور مچا کہ اُسے کچھ ہوش نہ رہا۔ جب اُسے ہوش آیا تو سارے کھلاڑی اُسے کندھوں پر اُٹھائے ہوئے تھے۔ مجمع واہ واہ کر رہا تھا اور فضا نادر، نادر، نادر، کی آوازوں سے گونج رہی تھی۔

سوالات :

۱- نادر نے اپنا کام کیوں ختم نہ کیا؟

۲- نادر کِس وقت کھیل کے میدان میں پہنچا؟

۳- رابرٹ پر کیا گزری؟

۴- نادر کی ٹیم کس طرح جیتی؟

۵- آپ کا پسندیدہ کھیل کون سا ہے؟

قواعد : اِسم

گیند، بلّا، کِھلاڑی، ٹوپی، میدان

بِلّی اور چُوہے کی دُشمنی کیسے ہوئی؟

ایک چھوٹے سے سرسبز جزیرے پر ایک بِلّی اور چُوہا رہا کرتے تھے۔ دونوں کی دوستی تھی۔ اِس جزیرے پر ہر قسم کے پھَلوں کے درخت تھے۔ پھَل پھُول اور درخت زیادہ ہونے کی وجہ سے وہاں چِڑیوں کا بھی خوب آنا جانا رہتا تھا۔ چُوہے کو زمین پر گرے ہوئے پھَل کھانے کو ملتے اور بِلّی چِڑیوں کو پکڑ پکڑ کر اپنا پیٹ بھرتی تھی۔ چوہا اور بلی دونوں ایک دوسرے کے ساتھ کھیلتے اور ایک دوسرے کا دل بہلاتے۔

ایک سال بارش بالکل نہ ہوئی اور گرمی بھی زیادہ پڑی۔ یہاں تک کہ جزیرے کے سب درخت سوکھ گئے۔ اِن درختوں پر نہ ہی پھُول کِھلے اور نہ ہی پھَل لگے اور نہ ہی وہاں چِڑیاں آئیں۔ نتیجہ یہ ہوا کہ نہ ہی چُوہے کو کھانے کے لیے کوئی پھَل مل رہا تھا اور نہ ہی بِلّی کو کوئی چِڑیا مل رہی تھی۔ دونوں بھوکے رہنے لگے۔

بِلّی نے تنگ آکر چُوہے سے کہا کہ "یہاں تو ہمیں کھانے کے لیے کچھ نہیں مل رہا

ہے کیوں نہ ہم کسی دوسرے جزیرے پر چلیں" چُوہے نے کہا کہ "ہمارے اِردگرد تو پانی ہی پانی ہے ہم کیسے جاسکتے ہیں؟" بِلّی بولی "میں کَشتی بنانے کے لیے ایک بڑی سی لکڑی لاتی ہوں تم اپنے تیز دانتوں سے اس لکڑی کو تراش کر ایک کَشتی بنانا۔ اس کے علاوہ ہمیں دو لکڑیاں چپّو بنانے کے لیے چاہیئے ہوں گی"۔

بِلّی کَشتی کے لیے بڑی سی لکڑی لائی اور چپّو کے لیے بھی دو لکڑیاں لائی۔ چُوہے نے اپنے تیز دانتوں سے لکڑی کاٹ کر کَشتی بنائی۔ بِلّی اور چُوہے نے مِل کر کَشتی کو گھسیٹا اور پانی کے کنارے لے گئے۔ دونوں خوشی خوشی کَشتی میں سوار ہو گئے۔ طے پایا کہ باری باری دونوں چپّو چلائیں گے اور باری باری آرام کریں گے۔ جب بِلّی کی آرام کرنے کی باری تھی اور وہ بے خبر سو رہی تھی تو اُس وقت چُوہے کو بہت بھوک لگی۔ اُسے خیال آیا کہ جب وہ کَشتی بنا رہا تھا تو اُسے کَشتی کی لکڑی بڑی مزے دار لگی تھی۔ اب بھی وہ کَشتی کی لکڑی تھوڑی سی کھالے تو اس کی بھوک ختم ہو جائے گی۔ یہ سوچ کر اُس نے کَشتی کو کُترنا شروع کیا۔ اُس بھوک میں تو لکڑی اور بھی زیادہ مزے دار لگ رہی تھی۔ اُس نے ایک نوالہ اور لے لیا۔ تھوڑی دیر کے بعد اس نے ایک مرتبہ پھر کَشتی پر اپنے تیز دانت مارے۔ اچانک کَشتی میں چھوٹا سا سوراخ ہو گیا اور اُس میں سے پانی آنے لگا۔

ٹھنڈا ٹھنڈا پانی جب بِلّی کو لگا تو وہ چونک کر اُٹھی۔ بِلّی نے پوچھا "کَشتی میں پانی کہاں سے آگیا یہ کَشتی تو ڈوب جائے گی۔ ہو نہ ہو چُوہے میاں! یہ کام تمہارا ہی ہے۔" بِلّی ابھی غصّے میں یہ باتیں کر ہی رہی تھی کہ اِتنے میں ایک بہت بڑی موج آئی اور اس موج نے کَشتی کو بِلّی اور چُوہے سمیت ایک دوسرے جزیرے پر پھینک دیا۔ جیسے ہی دونوں دوسرے جزیرے پر گرے چُوہے میاں فوراً بھاگ اُٹھے۔ بِلّی نے چُوہے کا پیچھا کیا۔ چُوہا بھاگ کر درخت کے سوراخ میں گھس گیا۔ بِلّی اُس سوراخ کے قریب بیٹھ گئی اور کہتی رہی

"اب نِکلے گا تو پکڑوں گی
جب نِکلے گا تو پکڑوں گی
میں پکڑوں گی- میں پکڑوں گی-"

کہتے ہیں کہ وہ دن اور آج کا دن بِلّی اور چُوہے کی دشمنی ختم نہیں ہوئی-

سوالات :

١- جزیرے کے پَھل ختم ہونے کی وجہ سے کیا ہوا؟

٢- بِلّی اور چُوہے نے کِس طرح سفر کا انتظام کیا؟

٣- اُن کی کَشتی میں پانی کیوں آ گیا؟

۴- بِلّی کو کیسے پتہ چلا کہ کَشتی میں سوراخ ہو گیا ہے؟

۵- بِلّی اور چُوہے کی دُشمنی کیسے ہوئی؟

قواعد : ضمیر

ہم، تم، وہ، اُس، اُن

خرگوش کی دُم

ایک دفعہ کا ذکر ہے کہ ایک خرگوش کسی شکاری کے خوف سے ایک جھاڑی میں چُھپ کر بیٹھا تھا۔ اُس جھاڑی کے چاروں طرف کانٹے ہی کانٹے تھے۔ جب شکاری کہیں دور چلا گیا تو خرگوش خُوشی کے مارے اُچھلتا کُودتا بڑی تیزی سے باہر نکلا۔ اُس نے کانٹوں کی طرف کوئی دھیان نہ دیا اور ایک بڑا سا کانٹا اس کی دُم میں چبھ گیا۔

درد کی شدّت سے خرگوش کی آنکھوں میں آنسو آ گئے وہ مدد کے لیے چیختا ہوا بھاگنے لگا۔ بھاگتے بھاگتے وہ ایک حجّام کی دوکان پر پہنچ گیا اور کہا

"حجّام حجّام! میری مدد کرو۔ میری دُم سے یہ کانٹا نکال دو"۔

حجّام نے اپنے صندوق سے اُسترا نکالا اور خرگوش کی دُم سے کانٹا نکال دیا۔ کانٹا تو نِکل گیا لیکن خرگوش کی تھوڑی سی دُم بھی کٹ گئی۔ خرگوش نے جب اپنی کٹی ہوئی دُم دیکھی تو جاتے جاتے حجّام کا اُسترا لے کر بھاگ گیا۔

"ارے 'ارے میرا اُسترا تو دے دو" حجّام نے آواز لگائی۔

"خرگوش کی دُم کٹی' تمہاری بلا ٹلی' قصّہ ختم ہوا" یہ کہہ کر خرگوش ایسا بھاگا کہ پیچھے مُڑ کر نہ دیکھا۔

خرگوش ابھی تھوڑی ہی دور گیا تھا کہ اُس نے ایک کِسان کو دیکھا جو اپنی گائے کے لیے چارا کاٹ رہا تھا۔ اچانک اس کی درانتی ٹوٹ گئی۔ کسان نے اِدھر اُدھر دیکھا تو خرگوش کا اُسترا نظر آیا۔ اُس نے خرگوش سے اُسترا مانگا خرگوش نے اپنا اُسترا تو دے دیا مگر جاتے جاتے کسان کا چارا لے کر بھاگ گیا۔

"ارے' ارے میری گائے کا چارا کہاں لے جا رہے ہو؟" کسان نے آواز لگائی۔

"خرگوش کی دُم کٹی' حجّام کا اُسترا گیا' کِسان کا چارا گیا' چلو قصّہ ختم ہوا" یہ کہتا ہوا خرگوش آگے چل دیا۔

اپنے سر پر کِسان کا چارا لادے ہوئے ابھی وہ تھوڑی ہی دور گیا تھا کہ اس کی نظر ایک گائے پر پڑی جس کا چارے کا ڈِبّہ خالی پڑا تھا۔ گائے کا بھوک کے مارے بُرا حال تھا۔ خرگوش نے چارا اُس کے ڈِبّے میں ڈال دیا اور جاتے جاتے گائے کے دودھ کی بالٹی اُٹھا لی۔

"ارے، ارے میرے دودھ کی بالٹی کہاں لیے جا رہے ہو؟" گائے بے چاری چلّائی۔

"خرگوش کی دُم کٹی، حجّام کا اُسترا گیا، کِسان کا چارا گیا۔ گائے کا دودھ گیا، چلو قصّہ ختم ہوا۔" یہ کہہ کر خرگوش غائب ہو گیا۔

دودھ کی بالٹی پکڑے ہوئے خرگوش ایک حلوائی کی دوکان پر پہنچا۔ حلوائی کی بلّی صبح سے بھوکی تھی اور اس کا دودھ کا کٹورا خالی پڑا تھا۔ خرگوش نے آگے بڑھ کر بلّی کے سامنے دودھ کی بالٹی رکھ دی۔ بلّی فوراً دودھ پینے لگی اور اِتنے میں خرگوش نے حلوائی کی دوکان سے مٹھائی کا ایک ڈِبّہ اُٹھا لیا اور یہ جا اور وہ جا۔

"ارے لوگو! دوڑو، خرگوش کو پکڑو، دیکھو وہ میری مٹھائی کا ڈِبّہ لیے بھاگا جا رہا ہے" حلوائی بے چارہ چیختا چِلّاتا رہا مگر کوئی اس کی مدد نہ کر سکا۔

"خرگوش کی دُم کٹی، حجّام کا اُسترا گیا، کِسان کا چارا گیا، گائے کا دودھ گیا، اور حلوائی کی مٹھائی گئی، چلو قصّہ ختم ہوا۔" یہ کہتا ہوا خرگوش تیز تیز بھاگنے لگا۔

خرگوش اپنی کٹی ہوئی دُم دبائے بھاگتے بھاگتے شہر کے چوک میں پہنچ گیا۔ چوک میں دولہا اور دلہن اور باراتی کھڑے ہوئے تھے۔ اِن لوگوں کو مِٹھائی کا انتظار تھا مگر حلوائی ابھی تک پہنچا نہیں تھا۔ وہ بے حد پریشان تھے کہ بغیر مِٹھائی کے دلہن کو کیسے گھر لے جائیں۔ خرگوش اپنی بغل میں مٹھائی کا ڈبہ دبائے یہ سب کچھ دیکھ رہا تھا۔ اس نے جھٹ مِٹھائی کا ڈِبّہ اُن لوگوں کو دے دیا اور دلہن کو لے کر بھاگنے لگا۔ دلہن بے چاری بے حد پریشان ہوئی اور لوگوں نے بھی شور مچانا شروع کر دیا۔ خرگوش دلہن کا ہاتھ پکڑے ہوئے کہنے لگا۔

"حجّام کا اُسترا گیا' کسان کا چارا گیا' گائے کا دودھ گیا' حلوائی کی مٹھائی گئی' اور تمہاری دلہن گئی' چلو قصّہ ختم ہوا"

مگر اِتنے میں دولہا میاں نے خرگوش کی کٹی ہوئی دُم کو پکڑتے ہوئے کہا "نہیں بھائی نہیں' قصّہ ایسے کیسے ختم ہو گا۔ تمہاری مٹھائی کا بہت بہت شکریہ مگر میری دلہن تو میرے ساتھ ہی جائے گی۔ البتہ تمہارے لیے گاجروں کا یہ تحفہ ہے اسے لیتے جاؤ۔"

خرگوش نے جب سرخ سرخ گاجریں دیکھیں تو اُس کے منہ میں پانی آ گیا اُس نے جلدی سے گاجر کا ایک ٹکڑا منہ میں رکھ لیا۔ گاجر واقعی بہت میٹھی تھی۔ اس نے فوراً دلہن کا ہاتھ چھوڑا اور اپنا تحفہ لے کر یہ کہتے ہوئے بھاگ کھڑا ہوا۔

"خرگوش کی دُم کٹی' حجّام کا اُسترا گیا کسان کا چارا گیا' گائے کا دودھ گیا' حلوائی کی مٹھائی گئی' دولہا کے ساتھ دلہن گئی اور مجھے میری گاجر ملی"

سوالات :

۱۔ خرگوش کی دُم میں کانٹا کیسے چبھ گیا؟

۲۔ سب سے پہلے خرگوش کِس کے پاس گیا؟

۳۔ خرگوش نے کِسان کو کیا دیا؟

۴۔ حلوائی کے بعد خرگوش کِس کے پاس گیا؟

۵۔ شادی کی بارات میں خرگوش نے کیا کیا؟

قواعد : فعل ماضی

گیا' کیا' دیا' بھاگا' کٹی

بُوجھو تو جانیں

(۱)

ایک تھال موتیوں سے بھرا
سب کے سر پر اَوندھا دَھرا
چاروں اور وہ تھال پھرے
موتی اس سے اِک نہ گرے

(۲)

ایک جانور ایسا جس کی دُم پر پیسا
سر پر ہے تاج بھی بادشاہ کے جیسا

(۳)

بجلی مُجھ میں جان پھونکتی
میں لوگوں کا دِل بہلاتا
سارے جگ کی بات سُناتا
اب بولو میں کیا کہلاتا

(۴)

جب وہ سر پر آگ جَلائے
جو دیکھے سب کے مَن بھائے

(۵)

ہری تھی مَن بھَری تھی
لاکھ موتی جَڑی تھی
راجہ جی کے باغ میں
دوشالا اُوڑھے کھڑی تھی

سوالات :

۱- آپ کو ان پہیلیوں میں سے کون سی پہیلی زیادہ پسند ہے؟

۲- پہلی پہیلی میں موتی کِس کو کہا ہے؟

۳- مَور کی دُم میں کون سے رنگ ہوتے ہیں؟

۴- دِیا کب جلایا جاتا ہے؟

قواعد : اِسم

موتی، جانور، تاج، بادشاہ

پہیلیوں کے جوابات

(۱) آسمان (۲) مَور (۳) ریڈیو (۴) دِیا (۵) مکئی کا بُھٹّہ